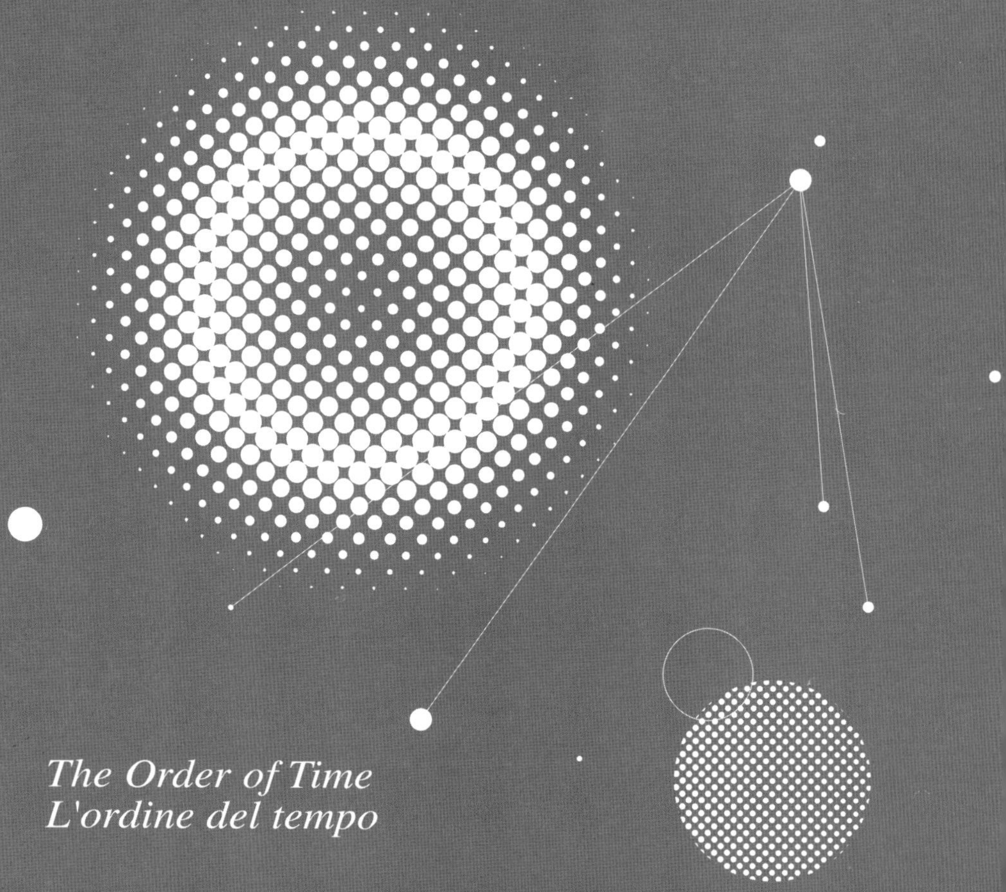

The Order of Time
L'ordine del tempo

時間的 秩序

用最尖端物理學，顛覆常識與直覺，探索時間的本質

卡羅・羅維理——著　筆鹿工作室——譯

Preface

時間或許才是最大的奧祕

甚至連我們正在說的話
也已被時間這個竊賊
悄悄偷走
一去不復返（I, 11）

我停下來，什麼也不做。什麼事都沒發生。聽著時間的流逝，我什麼也不想。這就是熟悉又親切的時間。我們任由時間帶領，隨著秒、時、年，時間洪流將我們沖向生命，又拉往虛無……我們活在時間之中，如同魚在水中生活。我們在時間中存在。時間用莊嚴的樂曲滋養我們，為我們開啟全世界，卻也困擾著我們，使人恐懼，也讓人得到平靜。在時間的指揮下，宇宙開展進入未來，依時間的秩序而存在。

印度神話以濕婆跳舞的神聖形象來描繪宇宙之河：濕婆的舞動支撐著宇宙的開展，舞動本身就是時間的流動。還有什麼比這種流動更普遍、更明顯呢？

然而事情遠比這要更複雜，現實往往與我們所見的不同。地球看似是平面，實際上是個球體；太陽看似繞著我們轉，其實轉的是地球。時間的結構也不像它看起來的模樣，並非均勻統一地流動。我在大學的物理課本中讀到這些時，著實大吃一驚。時間運作的方式竟與看起來的截然不同。

人類至今仍不清楚時間究竟是如何運作。時間的本質或許是最大的未解之謎。奇特的線索將時間與其他公認的偉大奇蹟連結在一起：思維的本質、宇宙的起源、黑洞的命運、地球上生命的運作。有些重要的事物一直在將我們拉回時間的本質。

疑惑是追求知識的起源*1，由於人們發現了時間不同於所想像，於是引出了千萬個問題。時間的本質是我畢生研究理論物理的核心工作。在本書中，將會解說現階段對時間已有的理解，以及為了更深入理解它，我們所遵循的研究路徑。同時也會說明人們尚未理解的部分，以及在我看來才剛開始窺見的內容。

為什麼會記得過去，而不是未來？是我們存在於時間之內，還是時間存在於我們身上？時間「流逝」究竟是什麼意思？是什麼將時間與人類的本性、與我們的主觀連結在一起？

當我傾聽時間的流逝，究竟是在聽什麼？

本書分為三個部分。第一部分將總結現代物理學已知關於時間的內容。這就像在研究手中雪花的同時，它也逐漸於指間融化，最後消失。我們一般認為時間的概念很簡單且基礎。均勻流逝，獨立於其他事物，從過去流向未來，能用鐘錶測量。在時間的進程中，宇宙中的事件以「過去、現在、未來」這種有秩序的方式依序發生。過去是既定的，未來是開放的……然而，這些全部都被證明是錯的。

時間的典型特徵接連被證實只是各種近似，是由於人類視角所造成的錯覺，就像以前的人認為地球是平的，太陽繞著地球旋轉一樣。但隨著知識的增長，時間的概念逐漸瓦解。我們所說的「時間」是一個複雜結構的集合，具有許多層級[*2]。經過許多深入的研究，時間依序脫離一個又一個層級。本書的第一部分便是在說明時間的這種崩塌。

第二部分描繪了殘存的事物：猶如狂風掃過般一片空白，幾乎找不到時間的任何痕跡。一個奇怪、陌生的世界，但仍是我們生息的世界。就像爬上高山，除了雪、岩石和天空什麼都沒有，或者就如阿姆斯壯和艾德林登陸月球的冒險，只見死寂的沙地。一個層層剝除至本質的世界，閃耀著荒蕪與令人困惑的美。我研究的是量子重力學，是人類嘗試去理解這個沒有時間的世界，這極端又美麗的景象，並賦予其同調性的意義。

本書第三部分是最困難但也是最重要的，因為與我們的關係最為密切。在一個沒有時間的世界，必定是有什麼東西導致產生了大家所熟悉的時間，同時也產生了時間的秩序，讓它的未來不同於過去，使它順暢地流動。我們的時間必定是以某種方式環繞在我們周圍，至少時間是因為我們而生，也依循著我們的尺度[*3]。

這是一趟返程之旅，朝向本書第一部分，在人們追求世界基本法則時所失去的時間。就像偵探小說般，現在要來尋找創建時間的元凶。我們將一一找到構成時間的碎片，發現原本熟知的時間組成，而今已不再是現實的基本結構，卻是由我們這些笨拙又終有一死的生物做出的有用近似：也許是由認知和外觀的面向決定了「我們」是什麼。因為和宇宙相比，時間之謎也許從根本上來說與我們自身關係更為密切。或許，就像世界首部最偉大的偵探故事——古希臘悲劇作家索福克勒斯（Sophocles）的《伊底帕斯王》（*Oedipus Rex*）一樣，罪犯就是偵探自己。

本書的觀點就像一把熊熊烈火，有時啟發人心，有時令人混亂。如果你決定跟隨我，我會帶領你進入人類對時間所知最遙遠的地方，直達浩瀚夜空的邊際，繁星點點的未知之海。

---

1. Aristotle, *Metaphysics*, I, 2, 982.
2. 關於時間概念的層級，具有深入的討論，請參見諸如：J. T. Fraser, *Of Time, Passion, and Knowledge*, Braziller, New York, 1975。
3. 義大利哲學家馬洛・多拉托（Mauro Dorato）認為，我們有必要使個人經驗與物理學基本概念的框架達成一致（*Che cos'è il tempo?*, Carocci, Rome, 2013）。

目錄

沒有時間的世界

時間的起源

本書各章開頭的詩句，若無另外說明，皆出自古羅馬詩人賀拉斯（Horace）《頌歌集》（*Odes*），由朱利歐．加萊托（Giulio Galetto）翻譯，刊載於一本稱為 *In questo breve cerchio* 的精美小書（Verona: Edizioni del Paniere, 1980）。

Loss of Unity

第一章　失去統一性

愛的交織之舞
如此優雅的女孩
在這清澈的夜晚
被月亮照耀著（I, 4）

時間的延遲

先從一個簡單的事實說起：時間的流逝在高山上要比海平面快。兩者差異很小，但可以用精密計時器測量出來（在網路上就可購得），只要多加練習操作，任何人都可見證時間的延遲。利用專業實驗室裡的計時器，即使海拔只有幾公分的差距，也可以觀測到時間的延遲：放在地板上的時鐘會走得比桌上的時鐘要慢一點。

變慢的不只是時鐘，越低的地方，所有進程都會變得越慢。兩個朋友各分東西，一位住在平地，另一位住在山上。幾年後兩人再相見，在平地生活的朋友度過的時間較少，變老較慢，他的咕咕鐘機械裝置擺動的次數也較少，做事的時間較少，種植的植物長得較慢，釐清思緒的時間較少……。在低處，時間流逝得比高處要少。

令人驚訝吧！但這便是世界運作的方式。

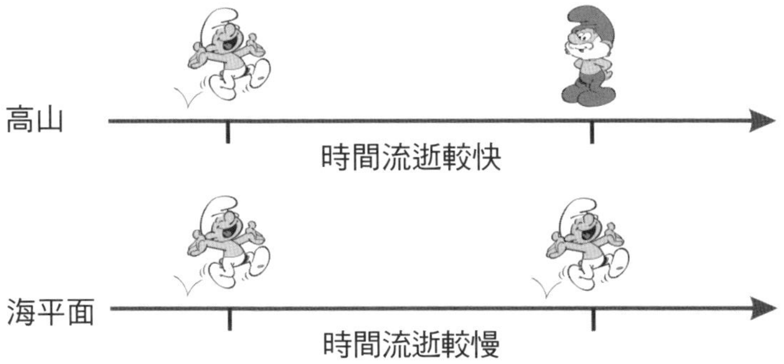

但真正令人驚訝的是，在前一個世紀，並沒有足夠精密的鐘錶來測量時間的延緩，卻有人已經了解到時間的延遲，這個人就是亞伯特．愛因斯坦。

科學思維的核心是在觀察某些事物前便先理解其能力。古希臘哲學家阿那克西曼德（Ἀναξίμανδρος）在船隻能夠環遊地球之前，早已知道天空一直延伸到超越人類腳步所能及之處。在遠早於太空人登陸月球的時期，哥白尼便已知地球會轉動。同樣的，在鐘錶的發展精確到足以測量出時間在各地以不同速度流逝之前，愛因斯坦便已知道，每個地方的時間流逝速度並不一致。

在這些進展中，我們得知，一些看似不證自明的事，實際上不過是偏見。很明顯的，天空在我們上方而非下面，否則地球就會掉下來。事情看來理所當然，地球似乎是靜止不動的，否則所有事物都會撞在一起、混亂不堪。同樣顯而易見的是，時間在所有地方都以相同的速度流逝……。等孩子長大以後，會發現世界並不像小時候從家裡望出去的模樣，整體來說，人類的情況也是如此。

愛因斯坦曾問過自己一個問題，這個問題在我們學習重力時或許也曾感到困惑：「太陽與地球沒有互相接觸，兩者之間也沒有借助任何東西，它們是如何互相『吸引』呢？」

於是他尋求並找到了合理的解釋，想像太陽和地球並沒有直接互相吸引，而是分別對它們之間的東西產生作用。既然太陽和地球之間存在的只有空間和時間，他便想像兩者是分別調整周圍的空間和時間，如同一個物體浸入水中會將周圍的水排開。這種時間結構的調整變異，反過來影響星體的運動，造成太陽和地球互相朝彼此「掉落」[*1]。

這個「時間結構的調整變異」指的確實就是上文所說「時間的延遲」——質量會減慢其周圍的時間。地球是質量很大的物體，會使附近的時間變慢。這種作用在平地較為明顯，在高山則較不明顯，因為平地的距離比較近。這就是為何前面住在海平面的朋友較慢變老的原因。

如果物體掉落是由於時間的延遲，在時間流逝一致的地方，例如行星際空間，物體就不會掉落，而是漂浮。在地球表面，物體會自然傾向於時間流逝較慢的地方運動，就像從沙灘往大海奔跑時，海水的阻力會讓我們向前方跌進海浪裡一樣。物體向下掉落，是因為地球使較低位置的時間變慢了[*2]。

因此，即便無法輕易觀察到，時間的延遲仍有著極其重要的影響——它使物體掉落，也因此，我們可以在地面站穩。如果我們的雙腿可以牢牢站在地面上，那是因為我們的身體會自然趨向於待在時間流逝較慢的地方——與頭部相比，腳部的時間流逝得更慢。

聽起來很奇怪吧？這就好比觀看日落，太陽緩緩消失在遠方雲層後面時，我們會突然想起，不是太陽在轉，而是地球在運轉。我們用主觀的雙眼看著整個地球——以及我們自己——向後旋轉，遠離太陽。我們用「瘋狂的」眼睛看世界，就像保羅．麥卡尼〈山上的傻瓜〉（*The Fool on the Hill*）歌詞所說：「有時瘋狂的視野，會比平常所習慣的呆滯視野，看得更遠。」

萬尊濕婆舞動

阿那克西曼德是兩千六百年前的希臘哲學家，他在沒有任何證據的支持下，卻知道地球浮在空中*3。他的作品只有一小部分斷簡殘篇遺留下來，我們一般都從其他作家筆下得知阿那克西曼德的思想。

> 萬物的轉換是遵循必然性，而實現萬物應有的模樣，則是遵循時間的秩序。

「遵循時間的秩序」（κατὰτὴν τοῦχρόνου τάξιν）。在自然科學至關重要的啟始時刻，流傳下來的只有這些晦澀難解的文字在迴盪，關於「時間的秩序」僅止於此。

天文學與物理學的發展是依照著阿那克西曼德所提的開創性指引——了解現象的發生是**遵循時間的秩序**。古代的天文學描述星體的運動為——**在時間中**（in time）。物理方程式描述事物**在時間中**的變化。從建立力學基礎的牛頓方程式，到描述電磁現象的馬克士威（Maxwell）方程式；從量子現象演變的薛丁格方程式（Schrödinger equation），到描述次原子粒子動力學的量子場論方程式，整個物理學乃至科學，都是根據「時間的秩序」研究事物的變化。

人們習慣用字母 t 代表式子中的「時間」（在義大利文、法文、西班牙文中，表示時間的字都以 t 開頭，但德文、阿拉伯文、俄文則不是）。t 代表的意義為時鐘測量到的數字。方程式告訴大家，隨著時鐘所測量的時間流逝，事物如何變化。

但如果如前所述，不同的時鐘顯示不同的時間，那麼 t 代表著什麼？如果有一個人住在高山上，另一個住在海平面附近，當兩人見面，彼此手腕上的錶會顯示不同的時間，哪一個才是 t？在物理實驗室中，桌上的鐘和地上的鐘以不同的速度運轉，以哪個鐘為準？我們如何描述兩個鐘之間的差別？是否可以說，相對於桌上的鐘所顯示的真正時間，地上的鐘慢了？或是地上的鐘顯示的是真正的時間，是桌上的鐘走得太快了？

這種問題是沒有意義的。也許可以問什麼是最真實的——英鎊換成美元是多少？這只是兩種貨幣，有**相對的價值**，卻沒有「更真實」的價值。所以沒有什麼比較真實的時間。有的是兩種時間，**相對於彼此**在變化。沒有誰比誰更準。

不過，時間並不只有兩種，時間有很多種，空間中每個點都有不同的時間。時間並不是單一的，而是有各種非常多的時間。

在物理學中，一個特定時鐘測量特定現象中的時間，稱為「原時」（proper time，又稱「固有時」）。每個時鐘都有其原時。每個發生的現象也都有其原時，具有自己的節奏。

愛因斯坦提出了方程式，用來描述原時相對於彼此的變化。他演示了如何計算兩種時間的差異*4。

「時間」單一量消融於時間網中。我們描述的是事物在當地時間的變化，以及當地時間相對於彼此的變化而非世界在時間中的變化。世界並不像一個軍團，依照指揮官的命令前進，而是互相影響的事件所組成的網路。

這就是愛因斯坦廣義相對論中所描繪的時間。愛因斯坦的方程式中不存在單一的「時間」，而是有無數的時間。就像將前面兩個分開的鐘再放在一起一樣，兩個事件之間經歷的時間，並不是單一的時間*5。物理學並不描述事物「在時間中」如何變化，而是描述事物在它們自己的時間中如何變化，以及各種事物「時間」的變化[1]。

時間失去的是它的第一面或者說是第一層級——統一性。在不同地方，時間具有不同的節奏，在這裡與那裡，時間的流逝並不相同。世界萬物交織在一起，跳出不同的舞步。如果世界是由舞動的濕婆所舉起，必定有上萬尊這樣舞動的濕婆，就像馬諦斯（Matisse，野獸派的創始人）畫作中的舞蹈人物一樣。

- 作者註[1]：文法說明。「時間」一詞有數種意義，彼此相關，卻有所區別：

① 「時間」是事件依序發生的現象（「時間無聲無息的腳步」）。

② 「時間」表示事件發生順序的間隔（「明日，明日，又復明日，一日復一日，躡步前進，直到註定時刻的最後一秒」莎士比亞《馬克白》）。

③ 一段持續的期間（「哦各位先生們，人生苦短」莎士比亞《亨利五世》）。

④ 「時間」也可表示一個特定的時刻（「那一刻終會到來，帶走吾愛」莎士比亞《十四行詩》），通常是指當下（「這是一個混亂的時代」莎士比亞《哈姆雷特》）。

⑤ 「時間」表示測量持續期間的變數（「加速度是速度對時間的導數」）。

在本書中，我自由運用這些意義，就像平常的使用方式。如果有任何混淆，請回頭查閱這條註釋。

1. 這是廣義相對論的基礎理論。請參閱愛因斯坦的著作（A. Einstein, 'Die Grundlage der algemeinen Relativitätstheorie', *Annalen der Physik*, 49, 1916, pp. 769-822）。

2. 在弱場近似（approximation of a weak field）中，度量（metrics）可寫成 $ds^2=(1+2\phi(x))dt^2-dx^2$，其中 $\phi(x)$ 是牛頓勢。牛頓重力遵守單一度量 g_{00} 時間分量（temporal component）的調整，即局部時間延遲。這些度量的測地線（geodesic）描繪物體的掉落：朝向勢能最低，也就是時間延遲的地方（這個註釋以及其他類似的註釋，是寫給較熟悉理論物理學的人）。

3. 詳見本書作者卡羅・羅維理，《世上第一位科學家阿那克西曼德的故事》（英文版 *The First Scientist:Anaximander and His Legacy*, Westholme, Yardley, 2011。義大利文版 *Che cos'è la scienza. La rivoluzione di Anassimandro*, Mondadori, Milan, 2011）。

4. 例如：$(t_{table}-t_{ground})=gh/c^2\,t_{ground}$，其中 c 為光速，$g=9.8\text{m/s}^2$ 為伽利略加速度，h 為桌面高度。

5. 亦可以寫成單一變數 t，即「時間座標」，但這樣寫則不代表用時鐘測量得到的時間（由 ds 決定，不是 dt），而且在沒有改變所描述世界的情況下，可能會任意改變。t 不代表物理量。時鐘所測量的是宇宙線 γ 上的原時（proper time），函數為 $t_\gamma=\int_\gamma\sqrt{g_{ab}(x)dx^a dx^b}$。所求得的量與 ds 的物理學關係，會在後面進一步討論。

Loss of Direction

第二章　失去方向性

如果比能感動樹木的奧菲斯更溫柔
你會撥動齊特琴
生命的源泉不會逆轉
回到徒勞的暗影……
命運悲慘
但背負的重擔減輕了
因為所有試圖重來的事物
都只是徒勞（I, 24）

永恆之流來自何處？

在高山和平地上，時鐘也許以不同的速度運行，但這真是我們對時間最關注的部分嗎？一條河裡，河岸的水流得較慢，河中間水流得較快，但河水一直是在流動的。難道時間不也一直是在流動，從過去到未來？關於前一章中所探究的時間流失多少問題，讓我們先暫時擱置所謂的精準測量——關於時間的測量量。關於時間，還有另一個重要的基本面——時間的路徑、流動。奧地利詩人里爾克《杜伊諾哀歌》（*Duino Elegies*）中第一首的〈永恆之流〉（*The Eterral Current*）寫道：

永恆之流
席捲所有歲月
穿越陰陽兩界
激盪生與死[*1]

過去和未來兩者不同，有因才有果，有傷口才會疼痛，玻璃杯碎片不會重新組成杯子。我們無法改變過去，只能遺憾、懊悔、回憶。相對來說，未來是不確定、欲望、焦慮、開放性、命運、或許。我們可以活出未來、塑造未來，因為它還不存在，一切都有可能。時間不是具有兩個相等方向的一條線，而是具有不同兩端的一個箭頭。

時間的這一點對我們來說才是最重要的，而不是流失的速度。這是時間最基本的一件事。時間的奧祕在於流失，在於我們可以在脈搏跳動中感受到，在於內心深處的記憶之謎，在於對未來的焦慮中。這就是思考時間的意義。這種流動究竟是什麼？它位在世界基本原理的何處？在人們尚未明瞭的世界機制中，區別過去已經發生的、未來尚未發生的是什麼？對我們來說，過去為何與未來不同？

十九世紀與二十世紀的物理學便是糾結在這些問題上，結果遇到令人意想不到的不安與困惑。時間在不同地方流失的速度不同，相對來說反而沒那麼重要。在描述世界機制的基本原理中，過去和未來、原因與結果、回憶與希望、遺憾與目標⋯⋯，它們之間並無區別。

熱

一切都源於一次弒君事件。一七九三年一月十六日，法國巴黎的國民議會判處路易十六死刑。或許反抗是根植於科學的最深處——拒絕接受當前的秩序*2。做出這個重大決策之一的是羅伯斯比爾（Robespierre，法國大革命時期政治家）的朋友——拉紮爾．卡諾（Lazare Carnot，法國數學家）。卡諾非常喜愛偉大的波斯詩人薩迪．設拉茲（Saadi Shirazi）。設拉茲在阿克古城被十字軍俘虜成為奴隸。如今他的光輝詩句仍豎立於聯合國總部的入口處：

亞當子孫皆兄弟，兄弟猶如手足親。
造物之初本一體，一肢罹病染全身。
為人不恤他人苦，不配世上枉為人。

或許詩歌也是科學的另一個深層根源——能夠看見不可見之物。卡諾將自己的長子取名薩迪。而薩迪・卡諾（Sadi Carnot，熱力學之父）誕生於詩與反抗之中。

薩迪・卡諾年輕時很喜愛蒸汽機。自十九世紀起，人們開始利用火推動機器運轉，進而改變世界。一八二四年，他寫了一本書叫《論火的動力》（*Reflections on the Motive Power of Fire*），試圖理解這些機器運轉的理論基礎。這本書中包含許多錯誤的假設，他假設熱是一種有形的實體——一種流體，會從熱的東西「傳」到冷的東西，因而產生能量，就像瀑布的水由上往下掉落時會產生能量一樣。但他的理論中仍含有一個關鍵概念，根據最後的分析結論，蒸汽機的運轉是由於熱從高溫傳到低溫。

薩迪的小書傳入一位治學嚴謹的的普魯士教授手中，他便是魯道夫・克勞修斯（Rudolf Clausius，熱力學的主要奠基人之一）。在此重要時刻，他找出根本議題，寫下一條名留千史的定律——如果外界沒有任何變化，熱量不能從低溫物體傳到高溫物體。

這裡的重點在於，熱和掉落的物體不同。球會掉落，也會反彈，熱則不然。

這是**唯一**一條區分了過去和未來的物理基本定律。

魯道夫・克勞修斯

其他定律都無法做到這一點。不論是統轄力學世界的牛頓定律、馬克士威（James Clerk Maxwell）所導出的電磁方程式、愛因斯坦對相對論性重力的論述、海森堡、薛丁格、狄拉克（Paul Dirac）所推導的量子力學方程式，還是二十世紀物理學對基本粒子的描述……這些方程式**都無法**區別過去和未來[*3]。如果一系列事件在這些方程式下成立，這一系列事件在時間上倒推回去亦成立[*4]。在世界的基本方程式中[*5]，時間之箭只出現在有熱的地方[1]。因此，時間和熱量的關係是基本的——每當過去和未來出現差異，代表必然有熱參與其中。如果一系列事件的發生，倒回去看不合理，表示必定有東西變熱。

如果影片中有顆球在滾動，我們無法分辨影片是正常播放還是倒帶。但如果球停下來，我們就會知道是正常播放。如果是倒帶，球不可能會自己動起來。球從減速到最終靜止是由於摩擦，摩擦會生熱。唯有在有熱的地方，才會有過去和未來的差異。例如思想的開展是從過去到未來，反之則不行。事實上，思考會在我們的大腦中產生熱。

克勞修斯導入了一個量，用來測量這種熱的單向不可逆過程。他是個學識豐富的德國人，所以用了古希臘文命名為「**熵**」（entropy）：

我喜歡用古文為重要的科學量命名，這樣一來，這些量在現存的所有語言中就會以同樣的文字顯示。因此我準備將物體的「熵」這個量（S），命名為 ἡτροπή，這是希臘文，意為「轉化」[*6]。

克勞修斯的「熵」用英文字母S表示，是個可測量也可計算的量[*7]，在孤立系統中會增加或保持不變，但永不減少。為了表示熱永不減少，我們將它寫成：

$$\Delta S \geq 0$$

讀作「Delta S 永遠大於或等於零」，稱為「熱力學第二定律」（熱力學第一定律是能量守恆定律），重點在熱只能從高溫物體傳到低溫物體，不能反過來從低溫傳到高溫。

請原諒我寫了這個方程式——這是本書中唯一一個方程式。這是時間之箭的方程式，我忍不住要把它加進這本關於時間的書裡。

so erhält man die Gleichung:

$$(64). \int \frac{dQ}{T} = S - S_0,$$

welche, nur etwas anders geordnet, dieselbe ist, wie die unter (60) angeführte zur Bestimmung von S dienende Gleichung.

Sucht man für S einen bezeichnenden Namen, so könnte man, ähnlich wie von der Gröfse U gesagt ist, sie sey der *Wärme- und Werkinhalt* des Körpers, von der Gröfse S sagen, sie sey der *Verwandlungsinhalt* des Körpers. Da ich es aber für besser halte, die Namen derartiger für die Wissenschaft wichtiger Gröfsen aus den alten Sprachen zu entnehmen, damit sie unverändert in allen neuen Sprachen angewandt werden können, so schlage ich vor, die Gröfse S nach dem griechischen Worte ἡ τροπή, die Verwandlung, die *Entropie* des Körpers zu nennen. Das Wort *Entropie* habe ich absichtlich dem Worte *Energie* möglichst ähnlich gebildet, denn die beiden Gröfsen, welche durch diese Worte benannt werden sollen, sind ihren physikalischen Bedeutungen nach einander so nahe verwandt, dafs eine gewisse Gleichartigkeit in der Benennung mir zweckmäfsig zu seyn scheint.

Fassen wir, bevor wir weiter gehen, der Uebersichtlichkeit wegen noch einmal die verschiedenen im Verlaufe der Abhandlung besprochenen Gröfsen zusammen, welche durch die mechanische Wärmetheorie entweder neu eingeführt sind, oder doch eine veränderte Bedeutung erhalten haben, und welche sich alle darin gleich verhalten, dafs sie durch den augenblicklich stattfindenden Zustand des Körpers bestimmt sind, ohne dafs man die Art, wie der Körper in denselben gelangt ist, zu kennen braucht, so sind es folgende sechs: 1) der *Wärmeinhalt*, 2) der *Werkinhalt*, 3) die Summe der beiden vorigen, also der *Wärme- und Werkinhalt* oder die *Energie*; 4) der *Verwandlungswerth des Wärmeinhaltes*, 5) die *Disgregation*, welche als der Verwandlungswerth der stattfindenden Anordnung der Bestandtheile zu

克勞修斯首次介紹「熵」的概念，就是在這一頁文字中。方程式提出物體熵變化（$S-S_0$）的數學定義：溫度為T時，離開物體的熱量 dQ 和（積分）。

在基礎物理學中，這是唯一能夠表示過去和未來差異的方程式，是唯一說明時間流動的方程式。在這非凡的方程式背後，蘊含的是一整個世界。

解說這個方程式的重任，則落在一個努力不懈卻命運乖舛的奧地利人身上，這位鐘錶製造商的孫子是個悲劇性的浪漫人物——路德維希．波茲曼（Ludwig Boltzmann）。

模糊

波茲曼想要了解 $\Delta S \geq 0$ 這個方程式背後蘊含的意義，以至於在理解世界基本原理的過程中，把我們帶入了最令人困惑的研究之一。

波茲曼曾在奧地利格拉茲、德國海德堡、柏林、維也納等地工作，最後又回到

路德維希・波茲曼

格拉茲。他喜歡把這種居無定所的生活歸咎於自己出生在懺悔節（Mardi Gras）的慶祝期間。他說的不全是笑話。他的脾氣的確不穩定，總擺盪在情緒高昂與憂鬱之間。他身材矮胖，一頭深色鬈髮和落腮鬍，他的女友叫他「我親愛的小胖胖」。這位時運不濟的波茲曼，便是時間方向性的英雄。

薩迪．卡諾認為熱是一種物質，一種流體。但熱其實是微觀的分子騷動（agitation）。熱茶是分子騷動很激烈的茶，冷茶是分子騷動不太激烈的茶。加熱使冰塊融化，分子騷動會增加，失去分子間緊密的連結。

十九世紀末，仍然有很多人不相信分子與原子的存在。波茲曼則相信它們真實存在，也為了信仰而參與爭論。他抨擊懷疑原子存在的人，可謂一世傳奇。多年後，一位量子力學的青年才俊評論到：「我們這一代人都衷心支持他。」*8在一次維也納的學術會議中，發生了一場激烈論戰，一位知名物理學家*9堅決反對他，斷言科學唯物論已死，因為物質定律不受限於時間方向性。可見即使物理學家也不能免於胡說八道。

觀察太陽緩緩落下，哥白尼看見世界在旋轉。注視一杯靜止的水，波茲曼看到分子和原子在激烈運動。

我們看杯中的水，就像太空人在月亮上看地球，寧靜、閃耀、湛藍。在月球上，太空人看不見地球上生命的旺盛騷動，看不見植物與動物，看不見欲望與絕望，只看見一顆藍色的球。在一杯水的表面下，也有著類似的騷動，由無數分子的活動所組成——遠比地球上的生物還要多得多。

這種騷動會激起一切。如果物體某部分的分子是靜止的，就會受到附近騷動的分子所帶動，跟著動起來。騷動會傳播，分子會互相碰撞。低溫物體以這種方式接觸高溫物體後就被加熱，因為低溫物體的分子被高溫物體的分子撞擊，跟著騷動了起來，也就是說，溫度升高了。

熱騷動就像不斷在洗牌般，如果牌是按順序排的，洗牌就會打亂順序。熱會以這種方式從高溫傳向低溫，但不會從低溫傳向高溫。以自然方式重組萬物的秩序，就像洗牌一樣。熵的增加，不過是普遍常見的、失序的自然增長現象。

這就是波茲曼所領悟到的，過去和未來的差異，既不在運動的基本定律中，也不在自然的深層法則中。是如此的自然失序，逐漸造成了特殊情形變得愈來愈少，愈來愈不常見。

這個直覺非常敏銳，也很正確，但並沒有真正證明了過去和未來的差異，只是改變了問題而已。如今問題成為——在時間的兩個方向之中，為什麼事物在稱為過去的那個方向，會比較有秩序？宇宙這副偉大的牌，為什麼在過去是有秩序的？為什麼過去的熵比較低？

如果我們觀測一個現象，初始狀態為熵較低，那麼熵的增加就會很明顯，因為在洗牌過程中，會使一切都變得失序。但為何我們在宇宙中觀測到的現象，最初都是在熵較低的狀態？

現在來到了關鍵之處。假設一副牌前面二十六張都是紅色，後面二十六張都是黑色，我們便把這副牌的排列稱為「特殊的」，也就是「有秩序的」。洗牌以後，順序就消失了。最初有秩序的排列就是「低熵的」排列。但請注意，如果我們是觀察牌的**顏色**——紅或黑，那麼牌就是特殊的，因為我們注意的是牌的顏色。如果前二十六張牌都是紅心和黑桃，這種排列也很特殊。或者前面二十六張牌都是奇數，或者磨損最厲害，又或者是排法和三天前完全一模一樣，還是有什麼其他共同點等等。仔細思考，如果觀察全部細節，其實**每一種排列都是特殊的**，因為每一種排列都有特殊面，都是獨一無二、獨特的。就像每個孩子對母親來說，都是特殊、獨一無二的。

只有當把目光聚焦於牌的特定方面（在這個例子中是顏色），「某些排列比另一些更特殊」的概念才有意義（例如二十六張紅牌在前，二十六張黑牌在後）。如果我們從各方面區別所有牌卡，所有排列都平等，沒有哪張牌比其他牌特殊*10。當我們開始以一種模糊與近似的方式看待宇宙，才產生了「特殊性」的概念。

波茲曼已說明熵之所以會存在，是因為我們以模糊的方式來描述世界。他證明了熵是計算有多少不同的排列方式，是我們模糊視野無法區分的量。熱、熵、過去的低熵，都是近似、統計性的對自然進行描述的概念。

過去和未來的區別，都與這種模糊有深度的連結。因此，如果我們能將世界微觀態的所有細節皆完全納入考量，時間流動的特性便會消失嗎？

是的。如果去觀測事物的微觀態，過去和未來的區別就會消失。例如，世界的未來是由現在狀態所決定，過去也大致如此[*11]。我們常說因在果之前，然而在萬物的基本原理中，「因」與「果」之間並無區別（這點會在第十一章中詳細說明）。與各種不同時間事件連結的規律性，以我們所說的物理定律為代表，但在過去和未來之間卻是對稱的。在微觀敘述中，說過去和未來不同是沒有意義的[2]。

這就是從波茲曼研究中所衍生的結論，令人感到不安的是，過去和未來的區別，只適用於**我們自己**對世界模糊的觀察。這個結論讓我們瞠目結舌。是否真的有一種如此清晰、基本、存在的認知（我對時間流逝的認知），是基於我們無法通曉世界所有微小細節的事實？這扭曲是由於短視所造成的嗎？如果能看清楚、想明白數百萬分子的實際躍動，那麼未來「就會像」過去一樣嗎？對於過去，我了解的與不了解的，未來一樣多，這可能嗎？即使考慮到我們對世界的認知經常有錯這個事實，但世界真的與我們的認知有如此大差異嗎？

這一切都破壞了我們對時間的基本理解，有如過去發現地球的運轉，激起了人們的排斥懷疑。但一如地球運轉的證據是壓倒性的，一切賦予時間流動特殊性的現象，都被還原為世界過去的一個「特殊」狀態，這種「特殊性」或許就源自於我們模糊的認知。

接下來，我會深入探究這種模糊的祕密，了解它如何與宇宙最初的不可能性發生奇妙的關聯。現在，我暫時先以這個令人費解的事實做結尾，如同波茲曼所充分理解的，熵不過是我們在對世界的模糊觀察下，無法分辨的各種微觀態。

在波茲曼位於維也納的墓碑上，刻有明確說明這一切的方程式*12，上方的大理石半身雕像，塑造他嚴肅乖戾的形象，不過我並不認為他生前的形像便是如此。許多年輕的物理系學生會去拜訪他的墓地，在那裡徘徊沉思，有時，古怪的物理學老教授也會去到那兒。

時間又失去了一個關鍵要素——過去和未來在本質上的差異。波茲曼明白，時間的流逝並不具有什麼本質，那只是神祕宇宙的不可能性，在過去某一時間點的模糊反射。

里爾克詩中〈永恆之流〉的源頭便是這個。

「我親愛的小胖胖」，路德維希・波茲曼年僅二十五歲就被任命為大學教授，在成功巔峰受到奧匈帝國皇帝召見；主流學術界不了解他的見解，嚴厲批判他；總是在高昂情緒與憂鬱低潮間擺盪。他最後，在的里雅斯特（Trieste）附近的杜伊諾，正當妻女正在亞得里亞海中游泳之際，以自縊方式結束了自己的生命。

數年後里爾克在杜伊諾寫出了《哀歌》。

- 作者註[1]：嚴格來說，時間之箭也會出現在與熱無直接相關，卻具有同樣要點的現象中，例如電動力學的阻滯電位（retarded potentials）。接下來所討論的內容同樣適用於這些現象，特別是結論。但在此我先不進行過多討論，而是在接下來一些不同的例子中加以說明。
- 作者註[2]：此處的重點是，放入一杯熱茶裡的冷茶匙所發生的現象，不在於我的觀察是否模糊。很明顯，茶匙以及裡面的分子所出現的情況，與我如何觀察無關，無論如何，只是自然發生。重點在於，對熱、溫度、熱從茶到茶匙的流動，這些描述都是對所發生事物的模糊觀察，而且唯有在這種模糊的觀察下，過去和未來之間才會出現驚人的差異。

1. Rainer Maria Rilke, *Duineser Elegien*, in *Sämtliche Werke*, Insel, Frankfurt, vol. I, 1955, I, vv. 83-5.

2. 法國大革命是科學生命力活躍的非凡時期，奠定了化學、生物學、分析力學等各種科學的基礎。社會革命同時與科學革命一齊開展。巴黎第一位革命性的市長是天文學家，拉紮爾．卡諾（Lazare Carnot）是力學家，馬拉（Marat）認為自己的頭銜最先是物理學家。拉瓦錫（Lavoisier）則活躍於政治圈中。在人類歷史中如此痛苦又壯麗的時代，拉格朗日（Lagrange）受到了許多不同國家的尊崇，成就斐然。詳見《科學的革命：斷頭台時期的轉變與混亂》S. Jones, *Revolutionary Science: Transformation and Turmoil in the Age of the Guillotine*, Pegasus, New York, 2017。

3. 改變原本正確的，例如馬克士威方程式中的磁場現象，基本粒子的電荷（Charge）和宇稱（Parity，又稱空間反射）等。這是關於C T P（電荷、宇稱、時間反轉對稱性 Time reversal symmetry）的不變性。

4. 牛頓方程式決定物體怎樣加速，如果將影片倒放，加速度不會改變。上拋的石塊與下落的石塊具有相同的加速度。假設倒回很多年，月球以相反的方向繞地球運動，受到地球的引力看起來仍是一樣的。

5. 即使加入量子引力，結論也不會改變。關於發現時間方向的起源，各種研究貢獻，請參考，例如 H. D. Zeh, *Die Physik der Zeitrichtung*, Springer, Berlin, 1984。

6. R. Clausius, 'DC ber verschiedene f 00FC r die Anwendung bequeme Formen der Hauptgleichungen der mechanischen Wärmetheorie', *Annalen der Physik*, 125, 1865, pp. 353-400; p. 390.

7. 特別是在物體散逸的熱除以溫度。當熱從高溫物體傳到低溫物體，由於溫差造成熵的總量增加，散逸熱的熵會比吸收熱的熵要少。當所有物體都達到相同溫度，熵便達到最大值，達成平衡狀態。

8. Arnold Sommerfeld。

9. Wilhelm Ostwald。

10. 熵的定義需要「粗粒化」（coarse graining），也就是微觀態（microstate）與宏觀態（macrostate）之間的區別。宏觀態的熵，決定於對應的微觀態數。在古典熱力學中，將系統的某些變數（例如氣體體積或壓力）視為從外界「可操縱」或「可測量」時，便可定義粗粒化。固定這些宏觀變數，便可決定宏觀態。

11. 這是說，如果忽略量子力學，就是確定的；如果考慮到量子力學，就是看機率。兩種情況下，對未來和過去都是用同樣的方式。

12. $S = k\ln W$。此處 S 是熵，W 是微觀態數或對應的相空間（phase space）體積，k 只是常數，現稱為波茲曼常數，用以調整（任意）因次。

The End of the Present

第三章　現在的終結

向著春天的和煦微風
敞開寂靜季節中封藏的寒冷
船隻回到大海巡航……
現在我們應該要編織花冠裝飾在頭上（I, 4）

速度可以使時間變慢

早在理解時間會被質量延遲的十年前[*1]，愛因斯坦便知道，速度可以使時間變慢[*2]。就我們對時間的基本直覺認知來說，這個發現的結果是最具有毀滅性的。

事實很簡單。我們在第一章中，分別把兩個人送到高山和平地上，現在則是要一個靜止不動，另一個在他周圍走動。對一直在動的人來說，時間流逝得較慢。

就像前面一樣，這兩人會經歷不同的時間長度間隔，走動的那個老化較慢、手錶時間走得較少、可用來思考的時間較少、帶在身上的植物要花較久的時間才能發芽等。對所有動著的物體來說，時間都流逝得較慢。

要想能夠覺察到這個效應，必須動得非常快。最早是在一九七〇年代，人們利用宇宙飛船的精密鐘錶儀器測量而得[*3]。飛船上鐘錶顯示的時間，落後於地面上的鐘錶。今日，許多物理實驗中都能觀測到時間變慢。

同樣的，在這個例子中，愛因斯坦也是在實際觀測到這種現象以前，便已知時間

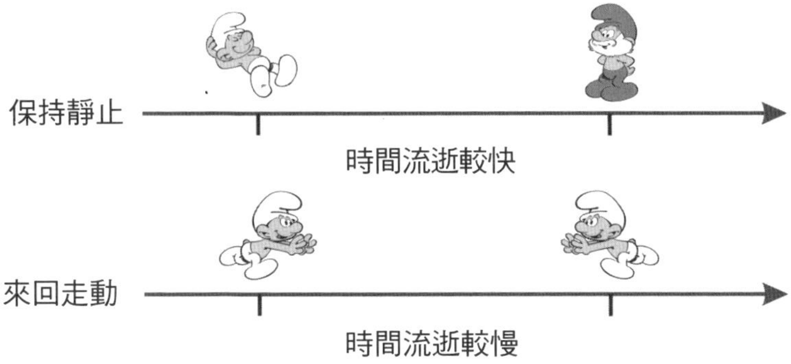

會變慢——當時他年僅二十五歲，正在研究電磁學。

這並不需要特別複雜的推導，馬克士威方程式已對電與磁有很好的描述，其中含有常見的時間變數 t，但具有一個奇特的性質——以某種速度運動時，你將不再適用馬克士威方程式（意思是說，馬克士威方程式將無法描述你所觀測到的現象），除非你改用另一個不同的變數 t'[4]。數學家已知馬克士威方程式這種奇特的性質[5]，但沒人能理解它的意義，愛因斯坦卻領會了它的意義——t 是如果我靜止不動的時間流逝，事物發生的節奏不增不減，就像我自己；t' 是「你的時間」，跟隨你運動的事物的發生節奏。t 是靜止時我手錶測量到的時間，t' 是運動時你手錶測量到的時間。從前沒人想過，一個靜止的錶和一個移動的錶，兩者的時間是不同的。愛因斯坦認真看待馬克士威的電磁方程式，因而解讀出了這一點[6]。

因此，一個運動中物體所經過的持續時間，比靜止的物體更短，包括手錶顯示較少秒數、植物長得較慢、年輕人做夢的時間較少[1]。對一個動著的物體來說，時間會縮短。不同的地點沒有一個單一的時間，不僅如此，甚至任何個別的地點，也沒有一個單一的時間。持續時間，只與物體的運動有關，這個物體的運動具有既定的軌道。

「原時」不僅與你的位置、與物體的鄰近程度有關，還與運動的速度有關。這個事實本身已經夠奇特，但結果更驚人。請坐穩，因為我們即將起飛。

「現在」沒有意義

在某個遙遠的地方，「現在」正發生什麼事呢？例如，你姐姐去了半人馬座比鄰星b（Proxima b），這是顆近幾年發現的行星，距離我們大約四光年。你姐姐「現在」正在比鄰星b上做什麼？

唯一的正確答案是：**這個問題沒有意義**。好比身處義大利威尼斯時卻問：「北京這裡是什麼樣子？」這樣問沒有意義，因為如果我在威尼斯說「這裡」，我指的是威尼斯這個地方，不是北京。

如果你姐姐在房間裡，你問她現在正在做什麼，答案通常很簡單，你去看一下就知道。如果她在很遠的地方，可以打電話問她。但請注意，如果你看著姐姐，你會接收到從她那裡傳到你眼裡的光線。光到達你需要一些時間，假設是幾奈秒（十億分之一秒），一秒裡面很小很小的部分，那麼，你看到的並不是她現在正在做什麼，而是她幾奈秒以前在做什麼。如果她在美國紐約，你從英國利物浦打電話給她，她的聲音要花幾毫秒（千分之一秒）傳到你這，所以你知道的最多只是你姐姐幾毫秒以前在做什麼。不過這或許沒有什麼明顯的差別。

然而，如果你姐姐是在比鄰星b上，光從那裡到達你這裡要四年。因此，如果用望遠鏡看她，或接收她的無線電波通訊，你知道的是她四年前在做的事，而不是她現在正在做的事。比鄰星b的「現在」，顯然不是用望遠鏡看到的，也不是接收無線電聽到的。

因此，或許可以這樣說，你姐姐現在做的，是你用望遠鏡看到她的那一刻起，四年之後她將要做的？並不是，這樣說不通。在你用望遠鏡看到她的四年後，在她的時間中，她也許已經返回地球，那時可能是在未來的十個地球年（是的，這的確可能！）可是，「現在」不可能在未來……。

或許我們可以這樣做：如果十年前，你姐姐就動身前往比鄰星b，她隨身帶著日曆，記錄時間的流逝，那我們是否可以認為，現在對她來說，是她所記錄的過去十年嗎？不行，這樣也說不通，或許她回到這裡時，是她離開以後她的十年，而相對於此，這裡的時間卻過了二十年。那麼在比鄰星b上，「現在」究竟是什麼時候？

這件事的真相是，我們需要放棄問這個問題*7。

在比鄰星b上，並不存在一個特定的時刻可以對應我們的此時此地。

親愛的讀者，請暫且稍事休息，讓這個結論沉澱一下。在我看來，這是在所有當代物理學中最令人震驚的結論。

問你姐姐生活在比鄰星b上與我們現在對應的時刻是沒有意義的。這就好比在問哪支足球隊贏得了籃球比賽冠軍，一隻小燕子賺了多少錢，或一個音符有多重一樣。這些都是沒有意義的問題，因為足球隊是踢足球，不是打籃球；燕子不會賺錢；聲音無法稱重。「籃球冠軍」指的是籃球隊，不是足球隊。貨幣收益是指人類社會，不是燕子。「現在」概念指的是我們身邊的事物，不是遠處。

我們的「現在」不會延伸到整個宇宙，它就像包圍我們的一個氣泡。

這個氣泡可以延伸多遠？它取決於我們決定時間的精確程度。如果是奈秒，「現在」的定義不過幾公尺；如果是毫秒，定義則有幾千公里。身為人類，我們已經很難分辨幾十分之一秒。這樣想比較簡單，我們可以把整個地球想像成是一個氣泡，當我們說現在，就好像地球上所有人都屬於同一個瞬間。這是我們能做的最大假設。

還有我們的過去，那是除了我們親眼見證的現在，所有之前發生的事。還有我們的未來，那是除了我們在此時此地所能看見的，所有之後會發生的事。在過去和未來之間，還存在著一個時間段落，它既非過去，亦非未來，具有一個時間間隔。這段時間間隔在火星上是十五分鐘，在比鄰星b上是八年，在仙女座星系中是數百萬年。這就是膨脹的現在（expanded present）[*8]，可說是愛因斯坦最偉大也最奇特的發現。

認為整個宇宙具有一個定義明確的現在，這個想法只是幻覺，是我們根據個人經驗所做的不合理推論[*9]。

這就像彩虹碰觸樹林的交界。我們覺得可以找到它，但真的過去找時卻找不到。

如果我問：「這兩塊石頭在同樣的高度嗎？」在太陽系行星空間中，正確的回答應該是：「這個問題沒有意義，因為在整個宇宙中，並沒有『相同高度』的統一概念。」如果有兩件事，分別發生在地球和比鄰星b上，我問這兩件事是否發生在「同一時刻」？正確答案應該是：這個問題沒有意義，因為在宇宙中並沒有「相同時刻」這種定義。「宇宙的現在」是沒有意義的。

不含現在的時間結構

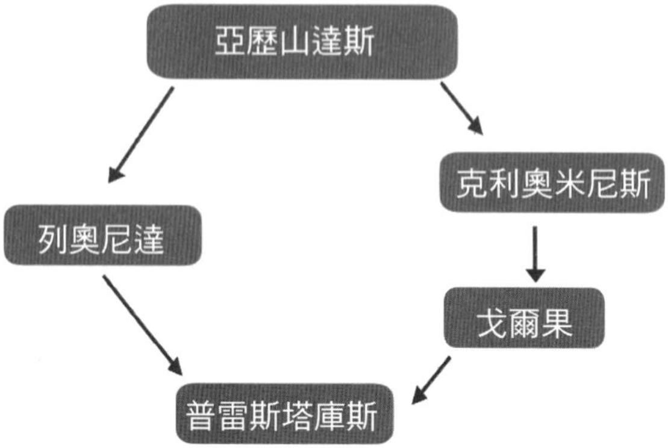

戈爾果（Gorgo）是拯救了希臘的女人，她發現一塊從波斯運來的寫字板上面包裹著蠟，裡面藏著一個祕密訊息，預警希臘人說波斯人將要發起進攻。戈爾果有個兒子叫普雷斯塔庫斯（Pleistarchus），他的父親是溫泉關戰役的英雄，也就是斯巴達王——列奧尼達（Leonidas）。戈爾果的父親是克利奧米尼斯（Cleomenes），列奧尼達是她父親的哥哥，也就是她的伯父。因此與列奧尼達「相同輩份」的人是誰？是他兒子的母親戈爾果嗎？還是他父親的另一個兒子克利奧米尼斯？如果有人像我一樣，對他們的家譜感到困惑，請看第50頁圖表。

輩分與相對論所揭示的時間結構之間，具有相似之處。如果問列奧尼達的「同輩」是克利奧米尼斯還是戈爾果，這樣是沒有意義的，因為「同輩」並沒有單一的概念[*10]。如果我們說列奧尼達和弟弟的父親是同一人，所以他們是同一輩，而列奧尼達和妻子有一個兒子，所以他們也是同一輩，則我們必定會說，這個「同輩」也包括戈爾果和她的父親！親子關係建構了人與人間的秩序（列奧尼達、戈爾果、克利奧米尼斯，為亞歷山達斯**其後**所出，為普雷斯塔庫斯**之前**），但這個秩序並不存在於任意兩個人之間——列奧尼達與戈爾果兩個人，既非其後，也非之前。

數學家對於親子關係所建立的長幼秩序，有一個專有名詞叫做「偏序」（partial order）。偏序在一些特定元素間建立**先後**關係，而非任意兩元素間。人類藉由親子關係形成一個「偏序」集合（而非「全序」集合）。親子關係可以建立秩序（子孫之前，祖先其後），但不在任意兩人之間。想要知道這個秩序如何運作，我們只需考慮一個家譜，如第52頁這個戈爾果的家譜。

圖中有個由她祖先所組成的倒三角「過去」，以及一個由她子孫後代所組成的角錐形「未來」。其他既非祖先又非子孫的人，都在角錐形外面。

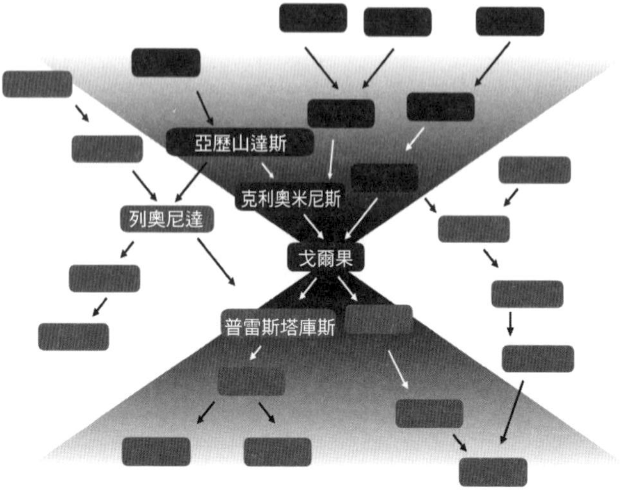

每個人都有自己祖先的過去角錐形和子孫的未來角錐形。列奧尼達的角錐形如下圖所示，在戈爾果旁邊。

宇宙的時間結構與這種情形非常相似，也是由角錐形組成。「時間先後」的關係，是由角錐形所組成的偏序*11。狹義相對論發現，宇宙的時間結構就像親子關係所建立的角錐形一樣，它在宇宙事件之間所定義的秩序，是**局部**而非**全部**的。膨脹的現在，便是不屬於過去和未來的事件集合，它的存在，就像有些人既不是我們的祖先也不是我們的子孫。

如果我們想要表示宇宙中的所有事件，以及這些事件的時間關係，我們再也不能以一體適用的單一方式，

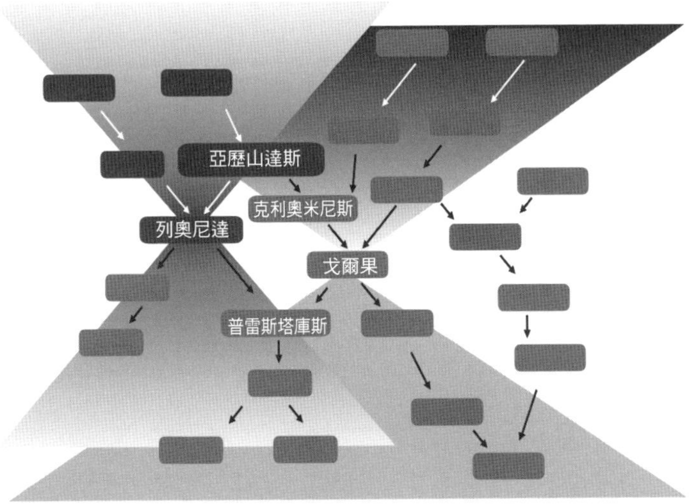

在過去、現在和未來之間加以區別，如第54頁圖1。

取而代之的，我們要把每個事件的未來放在上面的角錐形，過去則放在下面的角錐形（在這種圖表中，物理學家習慣把未來放在上面，過去放在下面，與家譜方向剛好相反，參照第54頁圖2）。

每個事件都有它的過去和未來，以及既不是過去也不是未來的部分，就像每個人都有祖先、子孫，以及其他不屬於祖先和子孫的人。

光沿著這些角錐形的邊線移動，這就是我們稱為「光錐」的原因。在第54頁圖2中，這些線的夾角依慣例是畫成45度，但畫得水平些和現實比

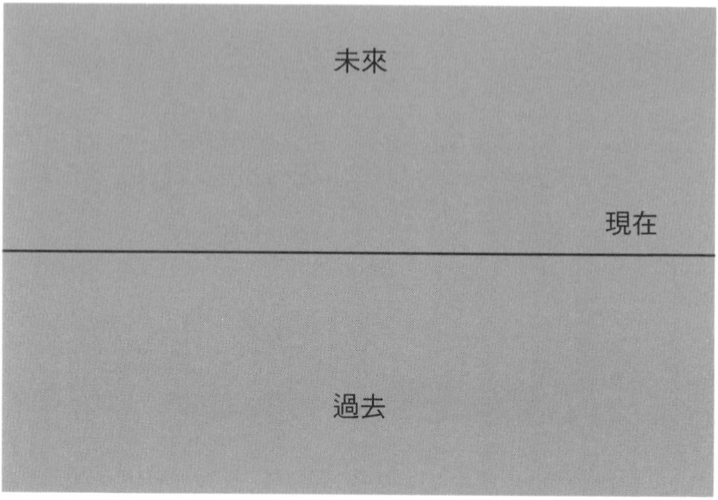

圖 1

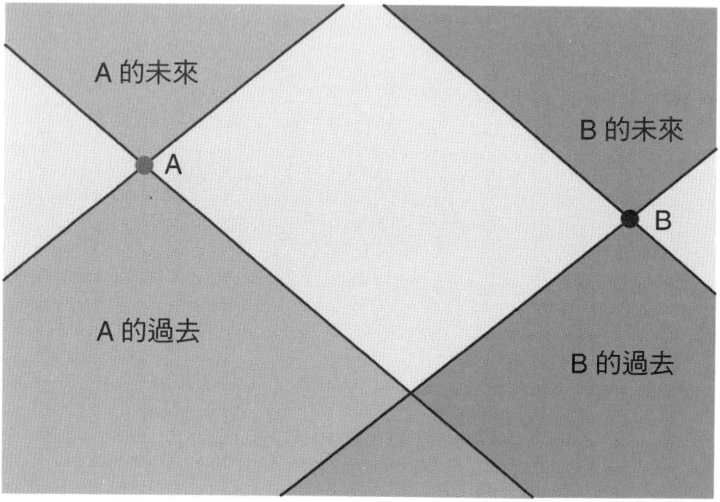

圖 2

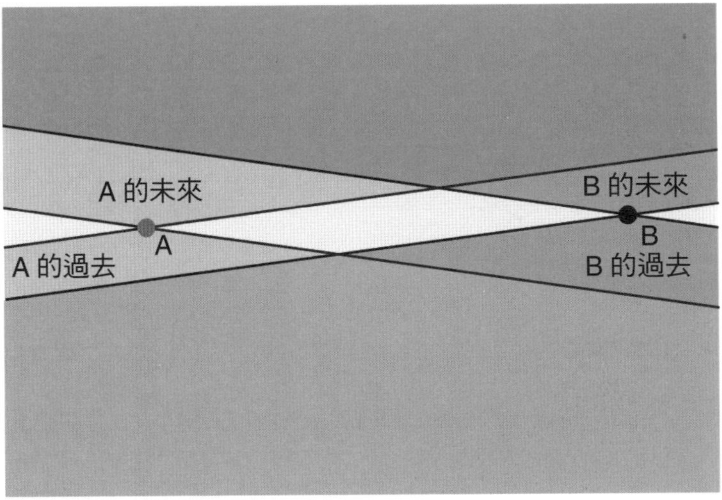

圖 3

圖 4

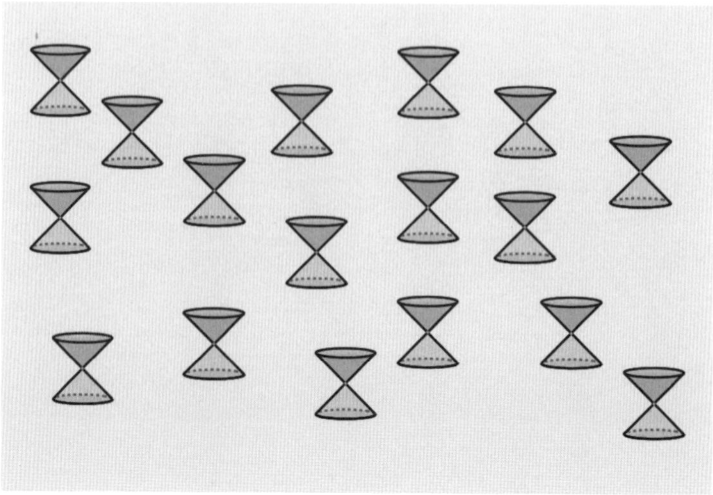

圖5

較貼近，像上頁圖3。

這樣畫的理由在於，在我們習慣的尺度下，分別過去和未來的膨脹現在極度短暫（大約幾奈秒），幾乎不能感知，結果會被「擠壓」成一條水平帶，也就是我們一般所說的「現在」，沒有任何條件限制。

簡言之，並不存在一種共通的當下，時空的時間結構並不是像第55頁圖4這樣的分層結構：

而是一種完全由光錐組成的結構圖5。

這種時空結構，就是愛因斯坦在二十五歲時理解的。

十年之後，愛因斯坦進一步了解，時間流逝的速度，在不同地方是

圖6

不一樣的。因此，時空並非如上圖所繪的那樣有秩序，而是會被扭曲。現在看起來比較像圖6。

例如，當一重力波經過，這些小光錐就會從右至左一起振盪，就像風吹過麥穗。

角錐的結構甚至可以一直朝未來前進，一個人卻能夠回到時空中的同一點，如第58頁圖7。

以這種方式朝向未來的連續軌跡會回到最初的事件，也就是起點*12[2]。最早明白這一點的人是庫爾特·哥德爾（Kurt Gödel），他是二十世紀的邏輯學家，也是愛因斯坦最後的朋友，曾陪伴他在普林斯頓的街道上散步。

圖 7

圖 8

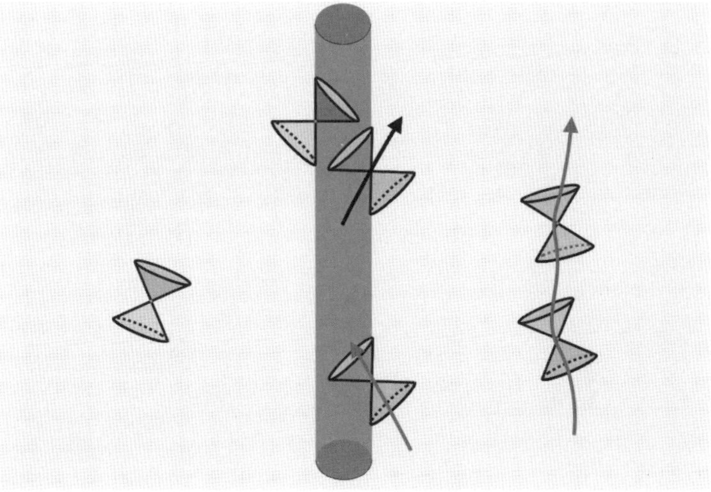

圖 9

靠近黑洞的地方，邊線會朝向黑洞匯集，像上頁圖8 *13。

這是因為黑洞的質量使時間減慢，到達一種程度後，會使得在黑洞邊緣（稱為「視界」）的時間變得靜止。仔細觀察，會看見黑洞表面與光錐邊緣平行。因此，為了要脫離黑洞，需要朝著現在移動（如圖9標示的黑線軌跡），而不是未來！

但這是不可能的，物體只能朝向未來運動，如圖中的白線軌跡。這就是黑洞的組成──光錐向內部傾斜，形成視界，關閉未來的一個空間，與周圍一切事物隔絕。僅此而已。是「現在」奇特的局部結構，產生了黑洞。

自從我們學會「宇宙的現在」並不存在，已經過了一百多年，然而這件事依然困擾著我們，難以被概念化。不時有物理學家提出反駁，試圖證明它不為真*14，哲學家也持續在討論「現在」的消失。今日，經常有學術會議在討論這個主題。

如果「現在」沒有意義，那麼宇宙中「存在」著什麼？「存在」的意思不就是在「現在」嗎？認為宇宙以特定結構存在於**現在**，並隨著時間流逝而改變，這整個想法將再也站不住腳。

• 作者註[1]：「運動」是相對於什麼？如果運動只是相對的，我們如何確定兩個物體是哪個在動？這個題目已經讓很多人都頭暈了。正確答案如下（很少有人答對）：「運動」相對的唯一參考點，是兩個鐘在空間中分開的位置，就是後來這兩個鐘在空間中又會合的同一位置。在時空中，兩個事件之間只有一條直線，即從A點到B點。沿這條直線的時間最長，相對於這條直線的速度，便會造成時間變慢。如果兩個鐘分開後不再會合相遇，去問孰快孰慢便沒有意義。唯有兩者相會，才可以比較，兩者的速度也才會成為定義明確的概念。

• 作者註[2]：「封閉時間線」讓我們從未來回到過去，會使有些人感到害怕，以為兒子可以回到過去，在自己出生前殺死母親。但封閉時間線的存在或回到過去，在邏輯上並無矛盾。是我們把事情變得複雜化，用混亂的幻想混淆了未來的自由猜想。

1. 廣義相對論（A. Einstein, 'Die Grundlage der allgemeinen Relativitätstheorie', op. cit.）

2. 狹義相對論（A. Einstein, 'Zur Elektrodynamik be -wegter Körper ', Annalen der Physik, 17, 1905, pp. 891- 921）。

3. Joseph. C. Hafele and Richard. E. Keating, 'Around-the-World Atomic Clocks: Observed Relativistic Time Gains', Science, 177, 1972: 166-168。

4. 除了 *t*，也取決於你的速度和位置。

5. 龐加萊（Poincaré）。勞倫茲（Lorentz）嘗試對 *t* 以物理進行解釋，但方式相當複雜迂迴。

6. 愛因斯坦總是說邁克生—莫利（Michelson and Morley）實驗對他發現狹義相對論並沒有什麼幫助，我相信這是真的。它描繪了科學哲學中一個重要的因素。我們想要進一步了解世界，並不總是需要新資料。哥白尼所有的觀測資料並不比托勒密多，他卻能以更好的解釋方式，從托勒密也有的資料中推導出日心說（heliocentrism），就像愛因斯坦相較於馬克士威。

7. 如果我能用望遠鏡看到我姐姐正在慶祝她的二十歲生日，然後傳送一條無線電訊息給她，訊息在她二十八歲生日時到達，我可以說現在是她的二十四歲生日，即光從她那裡離開（二十）到返回（二十八）的中點。這是個好想法（不是我的，這是愛因斯坦對「同時性」的定義），但並不能定義一個標準時間。如果比鄰星b正在遠離，我姐姐用同樣的邏輯計算與她二十四歲生日的相同時刻，她不會得到和這裡一樣的現在時刻。換句話說，以這種方式來定義同時性，如果對我來說，她生命中的A時刻與我這兒的B時刻是同時的，反過來則不然——對她來說，A和B並不是同時的。我們的不同速度，定義了不同面向的同時性。我們甚至不能用這種方式，得到共通的「現在」概念。

8. 有如太空到這裡那麼遠的距離，所有事件的組合。

9. 第一批理解這點的人包括庫爾特·哥德爾（'An Example of a New Type of Cosmological Solutions of Einstein's Field Equations of Gravitation', Reviews of Modern Physics, 21, 1949: 447-450），套他自己的話說就是：「『現在』的概念不過是某特定觀察者與宇宙其他部分之間的特定關係。」

10. 遞移性。

11. 如果封閉時間線存在，那麼即使存在偏序關係，相對現實而言也可能太強。關於這個主題可參見 M.Lachièze-Rey, Voyager dans le temps. La Physique moderne et la

temporalité, éditions du Seuil, Paris, 2013。

12. 關於旅行到過去，並沒有任何邏輯上的不可能，這點已經由二十世紀最偉大的哲學家之一大衛・路易斯（David Lewis）在一篇雋永文章中清楚證明了。（'The Paradoxes of Time Travel', *American Philosophical Quarterly*, 13, 1976, pp. 145 – 52, reprinted in *The Philosophy of Time*, eds. R. Le Poidevin and M. MacBeath, Oxford University Press, Oxford, 1993）。

13. 這是表示芬克斯坦（Finkelstein）座標下，黑洞度量因果構造的圖示。

14. 在持反對意見的聲音中，我與其中兩位偉大科學家有著特殊的友誼、感情，甚至對他們感到欽佩。李・斯莫林（Lee Smolin, *Time Reborn*, Houghton Mifflin Harcourt, Boston, 2013）和喬治・艾理斯（George Ellis,'On the Flow of Time', FQXi Essay, 2008, https:// arxiv.org/abs/0812.0240; 'The Evolving Block Universe and the Meshing Together of Times', *Annals of the New York Academy of Sciences*, 1326, 2014, pp. 26-41; *How Can Physics Underlie the Mind?*, Springer, Berlin, 2016）兩人都堅持認為，即使現代物理學尚未發現，但特殊的時間和真正的現在必定存在。科學就像感情，與我們最親密的人，往往也是與我們意見最分歧的人。對於時間現實的基礎面的明確辯護，可見 R. M. Unger and Lee Smolin, *The Singular Universe and the Reality of*

Time（Cambridge University Press, Cambridge, 2015）。另外我有一位好友薩米．馬龍（Samy Maroun）為單一時間真實流動這個想法辯護，我和他一起探討關於重寫相對論的可能性，想要將引導過程節奏的時間（「代謝的」時間）與「真實的」宇宙時間，加以區分（S. Maroun and C. Rovelli, 'Universal Time and Spacetime "Metabolism"', 2015）。這是可能的，因此斯莫林、艾理斯、馬龍的觀點足以成立。但這會有結果嗎？有兩個選擇：改變對世界的描述，以適應我們的直覺，或學習適應我們所發現的世界，並將之變成直覺。我深信，第二個方法更能有結果。

Loss of Independence

第四章　失去獨立性

在那海浪上
我們都必須航行，
所有受到大地果實
滋養的人（II, 14）

無事發生的時候，發生什麼事？

我們只需要服用幾微克迷幻藥ＬＳＤ，便可擴展對時間的體驗，進入神奇魔幻的境地[*1]。

「永恆是多久？」愛麗絲問道。「有時，只有一秒。」白兔回答。有些夢境只持續一瞬間，夢中的一切卻凝固成永恆[*2]。依據以往的體驗，時間是有彈性的。幾小時像幾分鐘飛逝而去；幾分鐘卻令人難忍，像幾世紀那麼長。一方面，時間由禮拜的日程組成，大齋期後面是復活節，接著是耶誕節；齋月始於新月，終於開齋節。另一方面，每個神祕體驗，例如在敬拜聖體的神聖時刻，信徒們拋開時間，與永恆連結。在愛因斯坦告訴我們這些都不是真的以前，我們怎麼知道時間在每個地方都以相同速度流逝？絕對不是透過對時間流逝的直接體驗得知到，時間在任何地方都一直以相同的速度流逝。所以我們是如何知曉？

數世紀以來，我們都把時間以天為單位作分割。「時間」一詞源於印歐語系字根

di或 dai，意義即為「分割」（to divide）。我們把天分割成小時[*3]。然而小時在夏季比較長，冬季比較短，因為十二個小時是分割黎明到日落之間的時間，無論什麼季節，黎明是第一個小時，日落是第十二個小時，就像在《馬太福音》中讀到的葡萄園工人的寓言故事[*4]。因此，如同前述，夏季時，黎明到黃昏之間流過「較多」的時間，冬季則較少。所以夏季每個小時比較長，冬季比較短。

在古代的地中海地區及東方國家，早已存有日晷、沙漏、水鐘，但這些並不像現在的時鐘一樣，扮演組織統整我們日常生活的重要角色。歐洲直到十四世紀，人們才開始用機械鐘錶管理生活。城市和村莊建造教堂，旁邊立一座鐘樓，上面放置一座鐘，提醒人們共同活動的節奏。自此開啟了鐘錶管理時間的時代。

漸漸的，時間脫離天使的掌心，落入數學家手中——如圖中史特拉斯堡大教堂雕像所呈現的，兩個日晷上面分別有天使（源自一千兩百年的日晷所啟發）以及數學家（一千四百年安置在日晷上）。

鐘錶的用處應在於相同的報時，然而這種想法比我們想像的更為現代。數世紀以來，騎馬、徒步或坐馬車旅行的時候，不同地方的時鐘沒必要同步，時鐘不同步也有很好的理由。中午的定義，就是太陽在最高點的時候。每個城市和村莊都有一座日晷，顯示太陽在日正當中的時刻，因此便可校準鐘塔上的時鐘，讓大家都能看見。但是在義大利萊切、威尼斯、佛羅倫斯或杜林等地的日晷並不會在同一時刻到達最高點。因為太陽是從東向西運行，所以威尼斯會最先到中午，稍過一會才是杜林，而威尼斯的時鐘都要比杜林早半小時。每個小村莊都有自己獨特的「小時」。在巴黎有個火車站具有它專屬的時刻，比巴黎其他地方晚一點，以便對遲到的旅客體現善意[*5]。

電報在十九世紀出現，火車遍及各地又快速，不同城市之間的時鐘同步便產生問題。如果每個車站顯示的時間都不同，便難以統整管理火車時刻表。美國首度嘗試將時間標準化。起初有人提議，修訂一個全世界通用的時間，例如，把倫敦的中午定為

「十二點整」，這樣倫敦的中午十二點，就相當於紐約的下午十六點。由於人們慣於使用當地時間，這個提議沒有得到採納。直到一八八三年，大家才達成協議，同意將世界分成不同的時區，如此一來，只需要在每個時區內標準化時間即可，也就是時鐘顯示的十二點，與當地正午之間的差異最多只有三十分鐘。這個提議逐漸在世界各地受到採納，於是不同城市的時鐘開始同步化[*6]。

年輕的愛因斯坦在拿到大學教職之前，曾在瑞士專利局工作，專門處理火車站時鐘同步相關事宜，他很可能就是在那裡得到了啟發——同步時鐘的問題，終究是無解。換句話說，從人們同意將時鐘同步，到愛因斯坦理解時鐘完全同步是不可能的，中間僅有數年時間。

數千年來，在時鐘出現以前，人們平時用來測量時間的唯一方式，就是白天與黑夜的變換。日夜變換的節奏，同樣也調節著動植物的生活。在自然界中，每天都充滿了節奏，是生命的重要本質，我認為這對地球上生命的最初起源有著關鍵的作用，因為想要使機器開始運轉，必須產生振動。活生生的生命體具有各式各樣不同的時鐘——分子的、神經元的、化學的、荷爾蒙的——每種或多或少都與其他時鐘互相協調[*7]。即使在單細胞生物的生化代謝中，仍遵守二十四小時規律變化的化學機制。

每天的變化節奏，是我們時間觀念的基本來源——夜以繼日，日以繼夜。我們數著這個偉大時鐘的節拍，數著每一天。在人類古老的意識中，時間最重要的便是這種天數的計算。

除了計算天數，我們也計算年和季節。月亮的陰晴圓缺、鐘擺的來回、沙漏翻轉的次數，這些都是我們在傳統上計算時間的方式——以事物的變化方式進行計算。

我們所知第一個提出疑問「時間是什麼」的人是亞里斯多德，他最後結論如下：時間就是對變化的度量。事物不斷發生變化，我們以「時間」為度量，計量事物的變化。

亞里斯多德的觀點是正確的。當我們問「何時」，問的便是時間。「你要多久時間才會回來？」意思是「你何時回來」。「何時」這個問題的答案指的是發生的事。「三天後我就回來」表示在啟程與返回之間，太陽會在空中完成三次起落循環。

因此，如果一切事物都沒有發生變化，一切事物都不運行，時間便會因此停止流逝嗎？

亞里斯多德相信會。如果一切事物都不發生變化，時間便不會流逝——因為時間就是我們與事物變化的關係，把我們與天數的計算連結在一起。時間是變化的度量[*8]。如果一切事物都不發生變化，時間就不存在。

但在寂靜中聽見的時間流動，究竟是什麼？亞里斯多德在他的著作《物理學》中寫道：「如果周圍一片漆黑，身體什麼都感覺不到，但心頭仍會有些變化，我們會立即設想時間過去了一些。[*9]」換句話說，即使是我們內心所感知到的時間流動，也是一種對運動的度量。這是一種內在的運動，如果一切事物都不運動，就沒有時間，因為時間僅只是運動的紀錄。

牛頓的假設則與亞里斯多德完全相反。在他的代表作《自然哲學的數學原理》（The *Principia*）一書中，牛頓寫道：

> 我不定義時間、空間、位置和運動，這些都是人們早已熟知的。但我要說，一般人對這些量的看法，只是來自他們與這些事物的關係，因而產生了某些主觀偏見。為了排除這些偏見，我們不妨把這些量區分為絕對的與相對的、真實的與表象的、數學的與常見的[*10]。

換句話說，牛頓從度量天數與運動，發覺一種「時間」的存在，即亞里斯多德所謂的時間（相對的、表象的、常見的時間）。但除此之外，牛頓主張還有**另一種時間**存在——一種「真實的」時間，**無論在什麼情況下都會流逝**，獨立於事物及事物的變化以外。如果萬事萬物都保持不動，甚至連我們靈魂的活動都凝滯，這種時間依然會持續流逝。依照牛頓的說法，不受任何影響，這就是「真實的」時間。這與亞里斯多德的觀點剛好相反。

牛頓認為，「真實的」時間無法直接接觸，只能透過計算方式間接理解，與計算天數的時間不同，因為「自然日事實上是不相等的，一般人都以為自然日天天相等，並用來度量時間。為了修正這種不相等，天文學家會用一種更精確的時間來測量天體的運行[*11]」。

究竟誰說得對？世界上兩位學問最博大精深的自然研究者，對時間提出了截然不同的思考方式，將我們帶往了相反的方向[*12]。

如同亞里斯多德的想法，時間究竟只是度量事物變化的方式？還是我們應該認為，有一種自行流動的絕對時間獨立於萬事萬物之外？但我們真正應該問的問題是：「這兩種思考時間的方式，哪一種更能幫助我們理解世界？這兩種概念體系，哪一種更有效？」

數世紀以來，推論似乎站到了牛頓這邊。牛頓的模型是根據時間獨立在事物之外的觀念，因此建立了現代物理學，這種物理學運作非常良好，它假設時間的存在是一種實體，流逝的方式穩定一致。牛頓所寫的方程式中以字母 t 代表時間，以描述物體**在時間中**如何運動[*13]。這個字母的意義究竟是什麼？t 代表夏季白天較長，冬季白天

亞里斯多德：「時間只是事物變化的度量。」

牛頓：「即使沒有變化，時間仍在流逝。」

較短的那個時間嗎？顯然不是。它代表的時間是「絕對的、真實的、數學的」，牛頓假設時間的流逝，獨立於事物的變化或運動之外。

對牛頓來說，時鐘儘管並不準確，但是一種裝置，要求盡力遵循這種均勻統一的時間流動。牛頓認為，這種「絕對的、真實的、數學的」時間，是我們無法感知的，必須根據事物現象的規律性，經過計算與觀察推導而來。牛頓的時間並不是來自於我們的感官證據，而是一種優雅的智慧結構。如果你認為牛頓這種獨立存在於事物之外的時間概念既簡單又自然，那是因為你在學校已學過，這已漸漸成為我們思考時間的唯一方式。它透過學校教科書傳播到全世界，終於成為我們理解時間的尋常方式，我們把它變成了常識。這種時間均勻流逝，獨立於事物及其運動之外，如今在我們看來十分自然，但卻不是自古以來人類的自然直覺，而是牛頓的觀點。

事實上，大多數哲學家都對這種觀點的回應都偏向消極。萊布尼茲（Leibniz）曾強烈的駁斥，他極力辯護傳統理論，認為時間只是事件發生的順序，並不存在什麼獨立自主的時間。根據傳聞，萊布尼茲的名字裡原本有字母 t（Leibnitz），為了堅持「牛頓的絕對時間 t 並不存在」這個信念，他把名字裡的字母 t 拿掉了[*14]。

在牛頓之前，對人類來說，時間是計算事物變化的方式。沒有人想過有一種時間的存在，是可能獨立於事物之外的。不要覺得你的直覺與觀點很「自然」，這些往往是來自前人或大膽思想家的思考結晶。

在亞里斯多德和牛頓這兩位偉人之間，牛頓真的是正確的那個人嗎？他導入的「時間」說服了整個世界，讓人們相信它的存在，並在他的方程式中光輝燦爛地運作，然而卻不是我們所感知到的，這個「時間」究竟是什麼？

為了從這兩位巨人之間找到出路，並以一種奇特的方式進行調解，我們需要第三位巨人。但是在談到這個人之前，我們暫且跳脫時間的主題，先來談一談空間。

空無一物之處有什麼？

關於時間的兩種解釋（亞里斯多德認為，時間是關於事件「何時」的度量；而牛頓認為，時間是一種實體，即便沒有事情發生也會流逝），對空間也同樣適用。我們問「何時」的時候，意指時間。我們問「何地」的時候，說的就是空間。如果我問：「羅馬競技場在哪裡？」一種可能的回答是：「在羅馬。」如果我問：「你在哪裡？」一種可能的回答是：「在家裡。」想要回答問題「某個東西在哪裡？」必須指出這個東西周圍有其他什麼東西。如果我說「在撒哈拉」，你就會想像我被沙丘環繞的樣子。

亞里斯多德是首位精要深入探討「空間」或「位置」意義的人，他得出了精確的定義：物體的位置是指其周圍有什麼[*15]。

就像探討時間一樣，牛頓建議我們要轉換想法。亞里斯多德對空間的定義，是一一列舉物體周圍有什麼，而牛頓稱此為「相對的、表象的、常見的」。而牛頓把空間本身稱為「絕對的、真實的、數學的」——即便那裡空無一物，空間依然存在。

亞里斯多德與牛頓兩者的差別很明顯。對牛頓來說，在兩個物體之間還會存在著「空的空間」。對亞里斯多德來說，談論「空的」空間很荒謬，因為空間只是物體在空間中的秩序。如果什麼東西都沒有（沒有延伸，沒有接觸）就沒有空間。牛頓想像物體處於「空間」之中，即便沒有物體存在，這種空間也會一直存在，就是空的。但對亞里斯多德來說，「空的空間」是沒有意義的，因為如果兩個物體沒有接觸，表示兩者之間存在著某種東西，既然有某種東西，這種東西就是一個物體，因此中間有別的物體。「什麼都沒有」是不可能的。

對我而言，奇特的地方在於，這兩種思考空間的方式都源於日常經驗。兩者間之所以存在差異，是由於我們生存的這個世界有一個詭異的巧合：「空氣之輕，輕到我們幾乎感覺不到它的存在。」我們會說：「我看到一張桌子、一把椅子、一枝筆和天花板，我與桌子之間**空無一物**。」或者可以說，在這些物體之間**有空氣**。我們談到空氣時，有時它好像算是某種東西，有時什麼都不是；有時好像存在，有時又不在。我們習慣說「杯子是空的」，而不會說「杯子充滿空氣」。因此，我們可以將周圍的世界設想為「幾乎是空的」，偶爾這裡或那裡有一些物體，換句話說就是「完全充滿」

空氣。到最後，亞里斯多德與牛頓所致力投入的並不是深奧的形而上學（metaphysics），他們只是運用這兩種不同的方式——考慮空氣或不考慮空氣？又是否將之轉化為空間的定義？——直觀又匠心獨具地看待周圍的世界。

亞里斯多德永遠走在前端，力求準確，他不說杯子是空的，他說杯子充滿了空氣。他指出，根據經驗，從沒有一個地方「什麼都沒有，甚至連空氣也沒有」。然而牛頓追求的與其說是準確，不如說是概念典範的有效性，需要建構起來以描述物體的運動，所以他思考的不是空氣，而是物體。畢竟空氣對掉落的石頭似乎沒有什麼影響，我們可以認為它基本上不存在。

就像時間的例子一樣，牛頓的「空間容器」對我們來說比較自然，但這只是近期才有的觀念，是因他思想的巨大影響而傳播開來。如今這些對我們來說直觀的東西，都是過去科學與哲學闡述的結果。

在托里切利（Torricelli）證明了能夠將空氣從瓶子裡移除之後，牛頓的觀念「空的空間」（empty space）似乎得到了印證。然而，人們很快便清楚，瓶子裡還有許多物質實體存在——有電磁場，還有不斷湧動的量子粒子。牛頓提出了一個完全空的無形空間，沒有任何物質實體存在，「絕對的、真實的、數學的」精彩理論概念，旨在建立牛頓物理的基礎，卻沒有科學性實驗的證明支持其存在。這是個獨創性的絕妙假說，也許是最偉大科學家之一的牛頓，影響最深遠的洞見——但這個假說是否真正對應了事物的真相？牛頓空間真的存在嗎？如果存在，真的是無形的嗎？空無一物的地方真的存在嗎？

這個問題完全等同於一個關於時間的類似問題——牛頓「絕對的、真實的、數學的」時間、無事發生時也會流動的時間，真的存在嗎？如果存在，它與這個世界上其他所有事物都不同嗎？它獨立於其他事物之外嗎？

所有這些問題的答案，都在於把這兩位巨人截然不同的觀點進行意想不到的整合。為了達成這個目的，就必須讓第三位巨人加入舞蹈[1]。

三位巨人的舞蹈

愛因斯坦最富價值的成就，就是整合了亞里斯多德與牛頓的時間觀念，這也是他思想中最璀璨的寶石。

牛頓對時間和空間的直覺認知，超越有形的物質，的確存在。時間與空間是真實的現象，但不是絕對的，它們並不完全獨立於發生的事件，也不像牛頓設想般，與世界上的其他事物有所差異。我們可以想像一大塊牛頓式的畫布，上面畫著這個世界的故事。但這塊畫布與世界上其他東西都是由相同材料構成，與構成石頭、光、空氣的物質並無不同，都是由「場」構成。

物理學家稱為「場」的事物，以現有最高的知識來看，編織構成了物理的現實世界。有時它們會有些奇異的名字：「狄拉克場」是構成桌子與星體的材料；「電磁場」構成光，也是使電動機運轉和指南針指向的力之源。但是，關鍵重點在於，還有一種「重力場」，它是重力的來源，同時也是構成牛頓時空的材料，畫著世界其他所有事物的畫布，就是重力場編織而成的。鐘錶是測量其擴張性的機械，長度則是測量擴張性的另一個面向。

時空就是重力場，重力場就是時空。像牛頓憑直覺意識到的，時空昂然獨立，即便沒有任何物質，它也存在。但時空與世界上的其他物質並沒有什麼不同，它們都是場，這與牛頓所認為的不同。與其說世界畫在一張畫布上，不如說世界是多層畫布的疊加，重力場只是其中一層。和其他場一樣，它既不是絕對的，也不是均勻的、固定的，它會彎曲、伸展，與其他場互相碰撞與推拉。方程式可以描述這些場之間的互相作用，時空就是這些場中的一個[2]。

重力場可以像筆直的平面一樣平坦光滑，這是牛頓所描述的版本。如果我們用尺測量，會發現在學校學過的歐幾里得幾何可適用。但場也會波動起伏，我們所說的重力波就是如此，會收縮與膨脹。

還記得第一章在物體附近會變慢的時鐘嗎？更準確地說，它們會變慢是由於那裡重力場較「少」，因此時間也較少。

由重力場構成的畫布，就像巨大、可以拉伸、有彈性的一塊布，其拉伸與彎曲就是重力與物體掉落的源頭，這種說法，比舊有的牛頓重力理論提供了更好的解釋。

再來看看第一章闡釋高處比低處時間流逝更多的圖，但現在請想像，畫這張圖的紙是有彈性的。想像這張紙被拉伸，以至於山上的時間都被拉長了。如此，你會得到一張完全不同的圖，分別表示空間（高度，位於縱軸）和時間（位於橫軸）。但是現在可以看到，在高山上「被拉長」的時間，剛好與更長的時間相對應。

這張圖描繪了物理學中的「彎曲」時空。「彎曲」是由於紙張的扭曲——距離可以伸長或縮短，就像拉扯有彈性的布。這就是第三章圖例中，光錐傾斜的原因。

愛因斯坦在亞里斯多德與牛頓時間概念中發現到時間成為複雜幾何的一部分，與空間交織在一起。這就是愛因斯坦的整合。他意識到亞里斯多德和牛頓兩者都是正確的。牛頓的直覺意識是正確的，他發現在我們所見的運動與變化的簡單事物之外，還

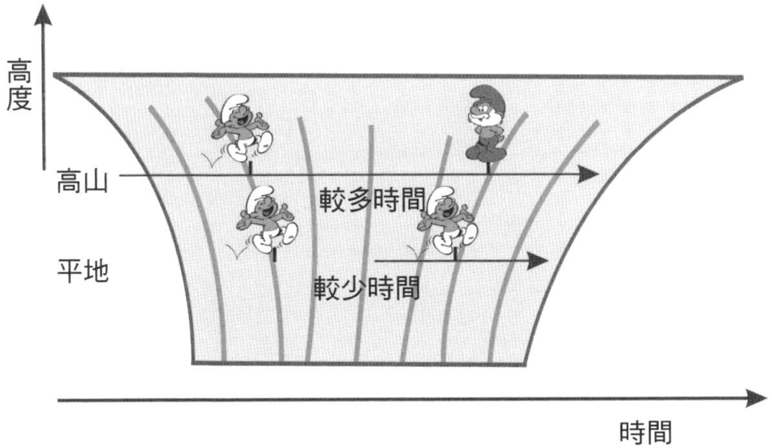

存在著某些東西。真實的、數學的牛頓時間確實存在，它是一種真實的實體，也就是重力場，是那一塊有彈性的布，亦即圖中的彎曲時空。但牛頓錯在他認為這個時間獨立於其他事物之外，均勻、有規律地流逝，平靜而遠離其他事物。

亞里斯多德正確的部分在於，他認為「何時」與「何地」永遠與某個事物相關，但這個事物也可以只是場，即愛因斯坦的時空實體，因為這是一種動態、實在的實體，與其他作為對照的實體一樣，正如亞里斯多德所觀察到的，我們能夠藉此確定自己的位置。

一切都互相完美連貫。一個多世

紀以來，愛因斯坦描述重力場扭曲的方程式，以及它對鐘和尺的效應，都不斷為人所證實，但我們對於時間的觀念卻失去了另一個重要的部分：它原本應獨立於世界其他部分之外。

亞里斯多德、牛頓和愛因斯坦，這三位手拉手共舞的智慧巨人，帶領我們更深入了解時間與空間。現實有一種構造是重力場，它既不獨立於物理學的其他部分，也不只是世界匆匆而過的舞臺。它是偉大世界之舞的動態組成部分，與其他部分相似，與它們互相作用，決定著我們稱為尺與鐘的韻律，以及所有物理現象的韻律。

但成功總是短暫的，愛因斯坦在一九一五年寫出了重力場方程式，僅僅一年後他自己就注意到，由於量子力學的存在，重力場方程式並不是關於時空本質的最終結論。和其他物理學的實在性一樣，重力場必然也具有量子特性。

・作者註[1]：有人批評，我講述科學史時，感覺上好像是少數才華洋溢人士的智慧結晶，而不是來自幾代人的辛苦努力。這種批評相當公正，對於過去和現在所有的世代，他們所貢獻的心力，我深表歉意。我唯一想要辯解的是，我並非試圖想要進行詳細的歷史分析或科學方法論，只是在整合幾個重要的階段。唯有無數畫師和工匠在技術、文化和藝術上的通力合作，經過漫漫長夜，才能建造出西斯汀教堂（Sistine Chapel），但最終是米開朗基羅的畫使它偉大。

・作者註[2]：愛因斯坦達成這個結論的過程十分漫長。一九一五年，他寫出場方程式，但工作並未結束，為了理解其中的物理意義，他持續努力，並反覆修改他的概念。他特別困惑於沒有物質情況下的解答，以及在此情況下重力波是否存在的問題。他在最後的幾篇文章中才徹底闡明這些問題，尤其是在《相對論：狹義與廣義理論》（*Relativity: The Special and General Theory*, Methuen, London, 1954）第五版所增補的第五篇附錄〈相對論與空間問題〉（*Relativity and the Problem of Space*）。這篇附錄可以在這個網頁找到 http://www.relativitybook.com/resources/Einstein_space.html。基於版權關係，這篇附錄沒有收錄在《相對論》一書的大部分版本中。若要更深入討論，請詳見我另一本書《量子重力》（*Quantum Gravity*）的第二章（Cambridge University Press, Cambridge, 2004）。

1. 關於藥物對時間認知的影響，請參閱 R. A. Sewell et al., 'Acute Effects of THC on Time Perception in Frequent and Infrequent Cannabis Users', Psycho-pharmacology, 226, 2013, pp. 401-13，直接的體驗很驚人。

2. V. Arstila, 'Time Slows Down during Accidents', *Frontiers in Psychology*, 3, 196, 2012.

3. 在我們的文化中，還有其他差異很大的時間觀念。請參閱 D. L. Everett, *Don't Sleep, There are Snakes*, Pantheon, New York, 2008。

4. 《聖經・馬太福音》，20: 1-16。葡萄酒釀造者雇人做工，早上進葡萄園做工的人和傍晚進去做工的人，拿到的錢一樣。

5. P. Galison, *Einstein's Clocks, Poincaré's Maps*, Norton, New York, 2003, p. 126.

6. 關於科技如何逐漸改變我們的時間概念，可參閱一部傑出的全觀式歷史著作：A. Frank, *About Time*, Free Press, New York, 2001。

7. D. A. Golombek, I. L. Bussi and P. V. Agostino, 'Minutes, Days and Years: Molecular Interactions among Different Scales of Biological Timing', *Philosophical Transactions of the Royal Society. Series B: Biological Sciences*, 369, 2014.

8. Time is: 'number of change, with regard to before and after' (Aristotle, Physics, IV, 219

b 2; see also 232 b 22-3).

9. Aristotle, *Physics*, trans. Robin Waterfield with an introduction and notes by David Bostock, Oxford University Press, Oxford, 1999, p. 105.

10. Isaac Newton, *Philosophiae Naturalis Principia Mathematica*, Book I, def. VIII, scholium.

11. 同上。

12. 關於時空哲學的介紹可參閱 B. C. van Fraassen, *An Introduction to the Philosophy of Time and Space*, Random House, New York, 1970.

13. 牛頓基本方程式為 $F=md^2x/dt^2$。（請注意，時間 t 是平方，表示方程式不能用 $-t$ 將 t 消除，也就是說，時間往前和往後都是一樣的，如我在第二章中的解說。

14. 奇怪的是，關於科學的歷史，許多當代的著作在介紹萊布尼茲和牛頓兩個人時，都將萊布尼茲的形象描繪為異端人物，一個具有大膽創新想法的人。但現實卻恰恰相反。萊布尼茲（帶著許多新的論證）捍衛著空間的傳統主導地位，從亞里斯多德到笛卡爾，都是關係主義者（relationist）。

15. 亞里斯多德的定義更為精確：事物的位置是圍繞事物的內部界限。這是一個優雅而嚴謹的定義。

Quanta of Time

第五章　時間量子

房裡有一瓶老葡萄酒
釀造九年
菲利斯，花園裡有月桂樹
可以編織桂冠
還有許多常春藤……
我邀請你
在四月中旬這天慶祝專屬於我的節日
你比生日更珍貴（IV, 11）

當我們在考慮時間和空間的量子與量子性質，我至今所描述的相對論物理學奇特景觀，變得更加令人費解。

研究這些內容的學科稱為「量子重力」，也是我自己的研究領域[*1]。科學界尚未廣泛接受任何一種量子重力理論，也沒有得到實驗上的支持。我的科學生涯大部分時光都貢獻給了這一問題——**迴圈量子重力**（*loop* quantum gravity），或**迴圈理論**（*loop theory*）——只為了建構一種可能的解決方案，但並非所有人都認為這會是正確的解答。例如，研究弦理論的同儕們走的是不同的路徑，關於誰對誰錯的爭論仍在持續。這是一件好事。經過激烈的辯論，科學得以成長。我們很快便能清楚，哪種理論是正確的。

近幾年來，關於時間本質在意見上的分歧有所減少，許多結論已相當程度上變得十分清晰。已經闡明的內容是如前一章所描繪的，如果我們一併考慮量子，廣義相對論的剩餘時間框架也會崩塌。

統一的時間已經粉碎，破裂為無數的原時，但如果把量子因素列入考量，我們就必須接受這樣的想法，這些時間會「撓動」，並且像雲一樣分散，而且僅具有特定值，沒有其他值……它們再也無法形成那塊時空的布，就如前一章所描述的那樣。

奠定量子力學的三個基本發現如下：粒子性（granularity）、不確定性、物理變量的關聯性。這三者中的每一個都進一步推翻了我們剩餘的時間觀念。

粒子性

鐘錶所測量的時間是「量子化」的，意思是說，它只能得到特定值，不能得到其他值。好像時間是粒子性的，不是連續性的。

量子力學的最大特質就是粒子性，因此得名。「量子」是基本顆粒，是所有現象存在的最小尺度[*2]。在重力場中，最小尺度稱為「普朗克長度」，最小時間稱為「普朗克時間」。把描述相對論、重力、量子力學現象的各特徵常數結合在一起，就可以輕易計算出普朗克值[*3]。這些量共同決定了這個時間為 10^{-44} 秒，亦即普朗克時間。在這種極度微小的時間層級，時間會開始顯現量子效應。

普朗克時間非常小，遠小於任何現存鐘錶能夠測量的範圍。由於它極度微小，在這樣的尺度下，即使發現時間的概念不再適用，我們也不必感到驚訝。何必驚訝呢？世界上沒有什麼事物會適用於任何時間、任何地點，我們遲早會遇到新的事物。

時間的「量子化」意味著幾乎所有時間值 t 都不存在。如果可以用我們所能想像出的最精密鐘錶去測量一個時間段，應該會發現測得的時間只有不連續的特定值，不可能把這段時間想成是連續的，我們必須把它看作是不連續的——它並沒有均勻流動，在某種意義上，就好像袋鼠一樣，從一個值跳向另一個值。

也就是說，有一個最小的時間段存在，在此時間段下，即便就最基本意義來說，時間的概念不復存在。

許多世紀以來，從亞里斯多德到海德格，為了討論「連續性」這個性質，耗費的墨水有如滔滔江河。連續性只是一個數學技巧，用來求極微小的粒子狀事物的近似值。世界是微妙分離的、不連續的。上帝並沒有把世界畫成連續的線，而是像法國新印象主義畫派畫家秀拉（Seurat，點描派代表畫家）那樣，輕輕用手點綴，點彩集合成一幅圖畫。

粒子性在自然界中無所不在：光由光的粒子，也就是光子組成，原子中的電子能量，只有特定值，沒有其他值。最純粹的空氣是粒子性的，最密集的物質也是粒子性的。一旦我們理解，牛頓時空也像其他物質一樣，是物質的實體，就可以自然推斷出它們也是粒子性的。這個想法得到理論的證實：根據迴圈量子重力的預測，基本的時間跳躍雖然很小但有限。

關於時間有可能是粒子性的、可能有最小的時間間隔存在，這個觀念並不新奇。七世紀時，伊西多爾（Isidore of Seville）的《詞源》（*Etymologiae*），以及八世紀時聖比德（Venerable Bede）別有含意的書名《論時間的分割》（*De Divisionibus Temporum*）兩本著作中，都對此進行過論證。十二世紀時，哲學家邁蒙尼德（Maimonides）寫道：「時間由原子組成，也就是說，由於時間間隔極短，無法繼續分割為更小部分。」[*4]這種想法或許可以回溯到更早時期。古希臘哲學家德謨克利特斯（Democritus）的原始文本至今已經失傳，因此我們無法得知古希臘原子論[*5]是否已經出現這種觀念。在科學探索中，抽象的想法能夠從前面幾個世紀的假說得到應用或者證實。

普朗克時間有一個孿生姐妹——**普朗克長度**。這是長度的最小限度，在此之下，長度的概念會失去意義。普朗克長度約為10^{-33}公分，亦即百萬分之一的十億分之一的十億分之一的十億分之一公分。我在大學時代時，愛上了「在極其微小尺度下會發生什麼事」這個問題。於是我便拿來一大張紙，在中間，我用鮮明的紅筆寫下了這個數字（圖10）。

圖 10

我把它掛在位於波隆的家裡臥室，目標就是要努力研究在非常微小的尺度下的現象，在那麼小的尺度下，時間和空間會失去原本的樣貌，回到基本的量子。我這輩子直到現在都在努力達成這個目標。

時間的量子疊加

量子力學第二個重要基本發現是不確定性。例如，我們無法準確預測電子明天會出現在哪裡。在可能出現的不同位置之間，電子沒有確定的位置[*6]，就好像散布在一朵電子雲裡。用物理學家的專有名詞來說，我們稱電子位於「疊加」（superposition）位置。

時空是像電子一樣的物質體，它會起起伏伏，也可位於不同的「疊加」位置。例如，如

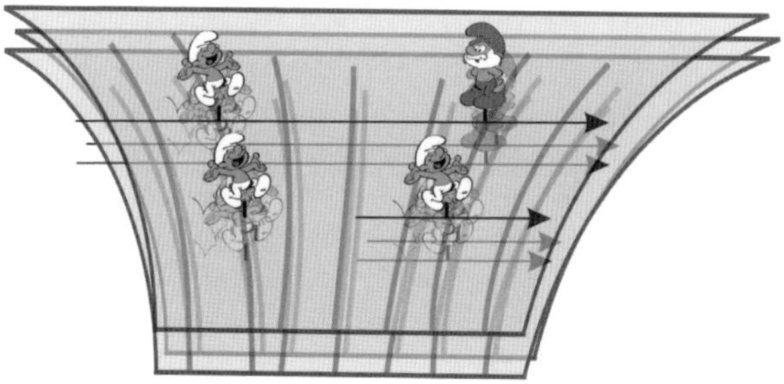

果我們把量子力學考慮進來，那麼第四章末時間拉伸的圖，可以想像為不同時空的疊加，大致如第94頁圖所示。

同樣的，區別過去、現在和未來的光錐，也在所有位置上下起伏（下方圖）。

甚至過去、現在和未來的區別，都可以上下起伏，變得不確定。就像一個粒子可以在空間中擴散，過去和未來的區別也可以上下起伏——一個事件可以同時在另一事件前與後。

關聯性

「上下起伏」並不意味著現象永遠不能確定，而是說它只能在特定時刻，以某種不可預知的方式確定。當量子與其他事物互相作用時，不確定性就消失了[1]。

在互相作用中，電子會在某點突然出現實體。例如，當電子與螢幕碰撞，被粒子探測器捕捉到，或是與光子碰撞，便得到具體的位置。

但這種實體化有個奇特之處——唯有當電子與其他物體互相作用，發生關聯，電子才會實體化。對於其他不產生關聯性的物體，互相作用的效應只是在傳播不確定性。只有與物理系統相關聯時，實體化才會發生。我相信這一點是量子力學做出的最極致發現[2]。

當電子與其他物體碰撞，例如，在裝有陰極射線管的老式電視機中，我們所設想的機率雲就會「塌縮」，電子會實體化，突然出現在螢幕上的某點，成為構成電視影像的發光點之一。但唯有與螢幕發生關聯性的時候，這種現象才會出現。在發生關聯性時，電子和螢幕處於疊加態（superposition of configurations），只有在與第三個物體互相作用時，它們共同的機率雲才會「塌縮」，以一種特定的實體組態出現。

電子的表現如此怪異，實在令人難以接受。更令人難以理解的是，這也是時間與空間表現的方式。而且，根據所有證據顯示，這是量子世界的運作方式，也就是我們所生活世界的運作方式。

決定時間段與物理間隔的物理基層（substratum）——重力場，不僅會受到質量的動態影響，本身也是一種沒有確定值的量子實體，直到它與其他物體發生互相作用。當發生互相作用，只有對發生互相作用的物體來說，時間段才是粒子性、確定的；對宇宙的其他部分，時間段仍是不確定的。

時間鬆弛為互相關聯的網路，不再聚合形成一張同調（coherent）的畫布。時空（複數型態）的圖畫上下起伏，層層疊加，在特定時刻，與特定物體發生關聯，然後突然實體化出現，於是造成一種非常模糊的圖像。但這已是我們對於世界精微的粒子性所能有的最好圖像了。我們正在凝視量子重力的世界。

容我重述本書第一部分所進行的深入探討。單一的時間並不存在，每個軌道都有自己的時間段；根據位置與速度，時間會以不同節奏流動；它是沒有方向的：在世界的基本方程式中，過去和未來的區別並不存在；只有在我們觀察事物並忽略細節時，時間的方向性才會偶爾出現。在這種模糊的視角下，宇宙的過去位於一種奇特的「特定」狀態。「當下」的概念不再有效——在浩瀚宇宙中，沒有什麼是我們可以合理稱為「當下」的東西。決定時間段長度的物理基層，不是一個獨立實體，有別於世界其他組成部分之外，是動態場的一個面向。它會跳躍、上下起伏，唯有互相作用時才會實體化，在最小尺度之下不會被發現……那麼，了解這一切之後，時間還剩下什麼？

你將手錶扔入大海，你嘗試理解，
這看似能抓住的時間，只不過是指針的運動……*7

讓一起來進入沒有時間的世界吧。

• 作者註[1]：在這種語境下使用的表示互相作用的術語「測量」，有些誤導性，因為這似乎意味著，為了創造實在，我們需要一位穿著白大褂的實驗物理學家。

• 作者註[2]：在此我使用了量子力學的關聯性解釋7，我自己都認為它難以置信。接下來的評述——特別是那些滿足愛因斯坦方程式的經典時空的消失——在我所知的其他解釋中仍然是不成立的。

1. 我在另一本書中有更深入的討論，詳見*Reality is Not What It Seems*, trans. Simon Carnell and Erica Segre, Allen Lane, London, 2016。

2. 比普朗克常數更小體積的相空間，在這樣的區域內，是不可能得到自由度的。

3. 光速、牛頓常數和普朗克常數。

4. Maimonides, *The Guide for the Perplexed*, I, 73, 106a.

5. 我們可以從亞里斯多德的討論（例如*Physics*, IV, 213）中，推斷德謨克利特斯的思想，但在我看來證據不夠充分。參見*Democrito. Raccolta dei frammenti, interpretazione e commentario di Salomon Luria*, Bompiani, Milan, 2007。

6. 除非德布羅意—波姆（Broglie-Bohm）的理論正確，此情況下電子可以有準確的位置，但位置隱藏了起來，所以結果沒有太大差別。

7. 來自美國搖滾樂隊「死之華」的歌詞（Grateful Dead, 'Walk in the Sunshine'）。

The World is Made of Events, not Things

第六章　世界是由事件而非事物組成

喔，朋友們，生命的時間短暫……

如果我們活著，活著就是要將國王們踐踏在腳下。

——莎士比亞《亨利四世》第一部分（上篇，第五幕，第二場）

羅伯斯比爾（Robespierre）讓法國擺脫君主制度，歐洲的舊制度擔心文明的終結即將到來。當年輕一代追求自由，從事物的舊秩序中解放，老人卻害怕一切都會崩潰。但歐洲即使在沒有法國國王的情況下，依然生存得很好。所以，即便沒有時間這位國王，世界也依然會持續運轉。

經過十九世紀和二十世紀物理學的摧枯拉朽，時間仍有一個面向得以倖存。卸下牛頓理論這件華麗的外衣之後，顯現出內在的智慧光芒：世界只是改變了。

時間失去的這些部分（統一性、方向性、當下、獨立性、連續性）並沒有讓「世界是事件的網路」這一事實受到質疑。一方面，許多結論都表明時間是存在的；另一方面，又有一個簡單的事實——沒有物體存在，而是事件發生。

基本方程式中「時間量」的消失，並不表示它代表世界靜止不變。恰恰相反，而是代表一個到處都是變化的世界，沒有時間國王的統御；無數事件沒有以良好的秩序排列，或沿著單一的牛頓時間軸排列，或對應著愛因斯坦優雅的幾何學。世界的事件不會像英國人那樣有秩序地排成一列，而是會像義大利人那樣混亂地擠在一起。

時間確實是事件，不停變化與發生。這種出現是擴散、分布、無秩序的，但它是出現，不是停滯。許多時鐘以不同的速率運轉，不會顯示相同的時間，但每個時鐘上面的指針變化都是互相影響的結果。基本方程式裡不包含時間變量，但包含互相作用時會發生變化的變量。正如亞里斯多德所指出的，時間是測量變化和改變的情形，這種變化和改變可以選擇不同的變量來測量，但沒有一個變量具有我們對時間體驗到的**所有特性**。儘管如此，依然無法改變一個事實——世界處於永不止息的變化過程中。

整個科學的發展都顯示，思考世界最好的方式是變異而非不變。不是存在，而是變成。

我們可以這樣想：世界是由**事物**、**物質**、**實體**所組成的。事物、物質、實體是一些**存在**的東西。或者我們也可以認為世界是由**事件**、**發生**、**過程**、**出現**所組成的。不能持續，不斷轉變，在時間中不能永恆。在物理學的基礎中，由於時間概念的毀滅，導致上面兩種觀點中前者的崩潰，而非後者。我們認識的是無所不在的無常，而非靜止時間的停滯。

將世界視為事件、過程的集合，我們更能夠掌握、理解與描述世界。這是唯一能與相對論協調一致的方式。世界並不是事物的集合，而是事件的集合。

事物與事件的差別在於，**事物**在時間中持續存在，而**事件**僅存在於一段有限的時間。例如石頭是典型的「事物」，我們知道它明天在哪裡。相反的，親吻則是一個「事件」，問一個親吻明天在哪裡是沒有意義的。世界是由親吻的網路構成，而非石頭的網路。

我們所理解的世界的基本單元並不位於空間中的某個特定點位。如果硬要說的話，它們既在**某處**，也在**某時**。它們既受限於空間，也受限於時間。它們是事件。

事實上，如果仔細檢查，即使那些「最像事物」的事物，也只不過是很長的事件。最堅硬的石頭，根據我們所學的化學、物理學、礦物學、地質學、心理學，實際上是量子場的複雜騷動，是力瞬間的作用；是分解重歸塵土前暫時的維持原狀、保持平衡的過程；是在地球歷史中，元素短暫互相作用的篇章；是新石器時代人類的遺跡；是一群孩子玩樂的武器；是一本關於時間的書裡面舉過的例子；是存在論的一個比喻，也是認為這個世界大部分取決於人體的感知構造，而非取決於對物體的感知。漸漸的，在宇宙這場鏡像遊戲中，一個錯綜複雜的結，形成了真實。世界不是由石頭那樣的東西所組成，世界更像是由轉瞬即逝的聲音，或大海的波浪所組成。

退一步講，如果世界真的是由事物所組成，那麼這些事物又是由什麼組成的？是原子嗎？但科學已發現，原子是由更小的粒子組成。是基本粒子嗎？但基本粒子只是場的短暫騷動。是量子場嗎？我們發現量子場不過是描述互相作用與事件所用的語言代碼，所以不能認為**物理**世界就是由事物或實體組成的，這解釋不通。

想要解釋得通，請把世界看作事件的網路。簡單的事件，以及可以拆解為簡單事件組合的複雜事件。以下舉幾個例子：一場戰爭不是事物，而是一系列事件；一場暴風雪不是事物，而是事件的集合；山上的一朵雲不是事物，而是風將空氣中的濕氣吹到山上凝結而成的；波浪不是事物，而是水的運動，而且形成波浪的水都是不同的；一個家庭不是事物，而是關係、事件、感受的集合。一個人呢？當然也不是事物，就像山上的雲，人類是食物、資訊、光、語言等進進出出的複雜過程……，是社會關係網路複雜節點中的一個；是化學過程複雜節點中的一個，更是情感交流複雜節點中的一個。

長久以來，我們都試圖從基本**物質**的角度來理解世界，與其他學科相比，物理學或許最需要追尋這種基本物質。但研究得愈多，愈發現不能夠從**事物**裡面去理解世界，從事件之間的關係著手理解世界則容易得多。

本書在第一章中引用過阿那克西曼德的話，邀請我們以「時間的秩序」來思考世界。如果我們不假設**已經**知道時間的秩序是**先驗的**，也就是說，如果不預先假設它的秩序是我們習以為常的線性、統一的，那麼阿那克西曼德的箴言依然有效：「我們是藉由研究變化，而非研究事物來理解世界。」

忽視這一條建議的人，付出了巨大的代價。犯了這個錯誤的兩位偉人分別是柏拉圖和克卜勒，兩位都被數學給迷惑了。

柏拉圖在《蒂邁歐篇》（*Timaeus*）中有個絕妙的想法，他嘗試把德謨克利特斯

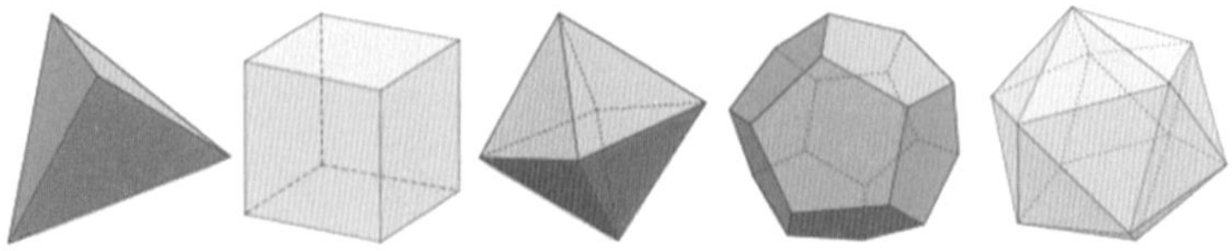

等原子論者所得到的物理洞見轉化為數學，但方式卻錯了。他試圖用數學寫出原子的**形狀**，而不是用數學寫出原子的**運動**。他沉迷於數學原理，建立了原子五種正多面體，認為原子僅有這五種形狀存在。

他還進一步嘗試發展這個大膽的假設，認為這五種形狀就是形成萬物的五種基本物質原子真正的形狀。這五種物質分別是：地、水、風、火，以及構成宇宙的第五元素（Quintessence）。這個想法美妙，卻完全錯誤。錯誤之處在於試圖從事物而非事件角度去理解世界。他忽略了變化。從托勒密到伽利略；從牛頓到薛丁格，在物理學與天文學中，所有行之有效的，都是運用數學精確描述事物的**變化**，而非事物**本身**。是關於事件的，而非事物的。直到最後，出現薛丁格方程式，描述原子中的電子**運動**情形，人們才理解原子的形狀。這又是事件，不是事物。

幾個世紀後，年輕的克卜勒也曾犯過同樣的錯誤，等到他

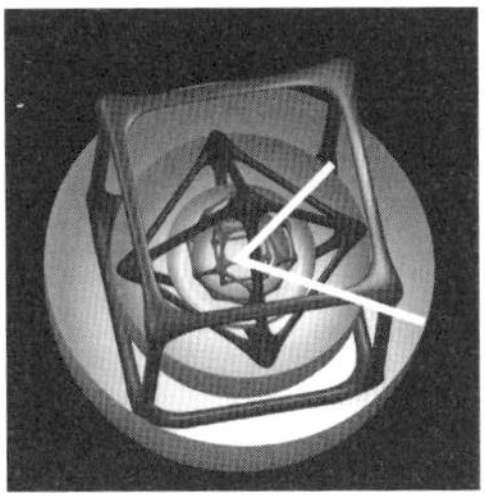

步入壯年期後才取得重大成就。他自問，是什麼決定了行星軌道的大小？但他也像柏拉圖一樣，受到相同數學原理的迷惑（這個數學原理的確優美，毫無疑問）。克卜勒假設，正多面體會決定行星軌道的大小。如果正多面體彼此內外鑲嵌，每兩個正多面體之間都夾有一個球體，那麼這些球體的半徑會與行星的軌道半徑有相同的比例。

想法不錯，可惜完全走錯方向。錯誤仍在於缺乏動力學。後來，克卜勒繼續前進，在他研究行星**運動**的問題時，才開啟了天堂的大門。

所以我們現在描述世界是依照事件的發生，而非存在的事物。牛頓力學、馬克士威方程式、量子力學等，都告訴我們**事件如何發生**，而非**事物**是什麼模樣。我們研究生物的**演化**與**生存**，才了解生物學；研究人與人的互動、人們如何思考，才了解心理學（少許，不多）；我們研究世界的變化過程而非存在，才了解世界。

「事物」本身僅是暫時沒有變化的事件*1。

但只是在回歸塵土之前。明顯地，一切事物遲早都要回歸塵土。

因此，時間的缺席並不代表一切都靜止不動，只能說明，令世界感到疲倦的不間斷事件並不是按時間排序，無法被一個巨大的鐘錶測量，它甚至沒有形成一個四維幾何。它是量子事件中，無界限又無秩序的網路。世界更像是拿坡里，而不像新加坡。

如果我們所說的「時間」代表的只是「發生」，那麼萬事萬物皆時間。存在於時間之內的，除了「事件發生」，別無他物。

1. Nelson Goodman, *The Structure of Appearance*, Harvard University Press, Cambridge, MA, 1951.

The Inadequacy of Grammar

第七章　文法的不適用性

皎潔的白雪消失了，綠色回歸
在原野的綠草
在森林的樹蔭下
而春天空氣的芬芳，又回到我們身邊
時間往復循環，流逝的光陰盜走光明
傳來訊息：
不朽，對於我們，絕無可能
暖風之後，必是嚴寒（IV, 7）

通常稱為「真實」的事物，都存在於**現在或當下**，而非過去或未來。我們說過去或未來的事物「曾經」是真實的或「將會」是真實的，但不會說「現在」是真實的。哲學家稱這種觀點為「現在主義」，認為只有現在是真實的，過去和未來都不真實，真實是從一個現在進展到下一個現在，連續不斷。

然而，如果「現在」的定義並不適用於整個地球，只適用於在我們附近以近似的方式定義，那麼這種想法就不適用了。如果相隔甚遠，該處的現在無法定義，那宇宙中還有什麼是「真實」的呢？

在前面幾章我們看過的一些圖例中，有一種用單一圖像描繪時空的**全部進展**。這種圖並不表示單一時間，而是表示全部時間（圖11、12）。

這種圖就像是一個人跑步的系列照片，或是一本編年史。它們所呈現的是世界可能的**歷史**概要，而非其中單一的瞬間狀態。

第112頁圖13描繪的是在愛因斯坦**之前**，我們思考世界時間結構的方式。圖中呈現的是真實狀況下的事件集合，粗線表示「**現在**」的某一特定時刻。

不過，前面的第二張圖，其實較好的描繪了世界的時間結構，裡面並沒有代表「現在」的粗線，現在不存在。所以，什麼是真實的**現在**呢？

二十世紀物理學以一種很明確的方式，顯示現在主義並沒有很好地描述我們的世

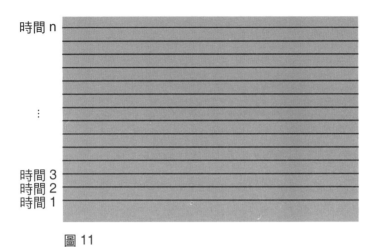

圖 11

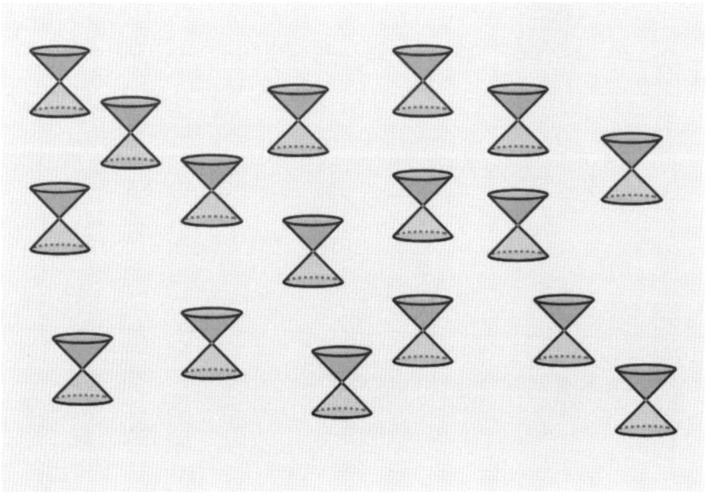

圖 12

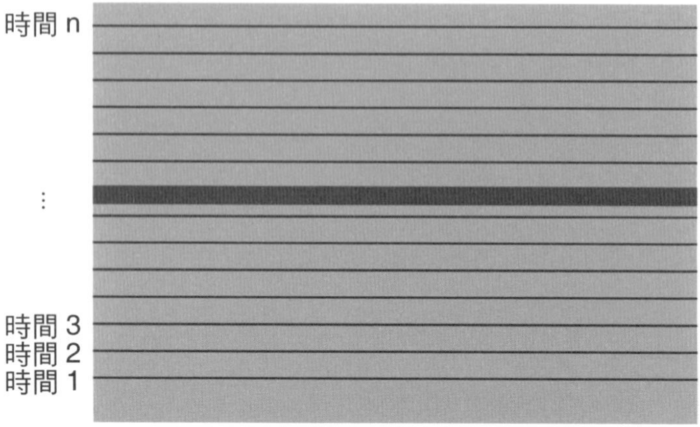

圖 13

界：客觀、全球化的現在是不存在的。最多只能說，相對於一個運動的觀察者是有一個現在，但如此一來，我的真實就不同於你的真實，雖然我們事實上都盡可能以客觀的方式運用「真實」這個詞。因此，我們不應把世界想成是現在的連續[*1]。

還有什麼其他選擇呢？

哲學家有一種觀點稱為「永恆主義」，認為流動與變化都是虛幻的，過去、現在和未來都同等真實，也同等存在。永恆主義認為，上圖所描繪的全部時空，都以完整的形式一併存在，沒有任何變化，沒有什麼真的在流動[*2]。

那些為永恆主義這種方式思考現實辯護的人，經常引用愛因斯坦寫在一封信中的著名摘要：

像我們這樣相信物理的人都知道，過去、現在和未來之間的區別，只不過是一種不斷持續的幻覺[*3]。

這種觀點現在稱為「**區塊宇宙**」（block universe），認為必須把宇宙的歷史想成一個單一區塊，全部的歷史都一樣真實，時間從一個時刻到下一時刻的流動只是個幻覺。

所以，永恆主義和區塊宇宙難道是我們僅存的思考世界的方式嗎？我們必須把世界看成過去、現在、未來都像在單一的現在，全部都以同樣的方式存在嗎？沒有任何事物改變，一切都是不動的，改變只是幻覺嗎？

我真的不這麼認為。

我們不能依照單一的時間順序去排列宇宙，但這並不表示沒有任何事物在改變，而是表示變化並不依照單一連續的順序發生——世界的時間結構，比一個簡單的單一線性連續瞬時還要複雜。但這並不表示它不存在或只是個幻覺[*4]。

過去、現在和未來之間的區別並不是幻覺，它確實是世界的時間結構，但不是現在主義所認為的那樣。事件之間的時間關係，比我們從前認為的還要複雜，但這不是說它們就不存在了。就像全世界的血緣關係，雖然不能建立全世界統一的秩序，但不會就此變成幻覺。如果我們沒有寫在同一份族譜上，並不代表我們之間毫無關係。變化、發生的事件，都不是幻覺。我們發現，它並不遵守全世界統一的秩序[*5]。

讓我們回到一開始的問題：什麼是「真實的」？什麼東西「存在」？

答案是，這些問題的設定很糟糕，既能代表所有的事，也什麼都不能代表。因為「真實」這個形容詞並不明確，可以代表一千種意義，「存在」這個動詞的意義甚至更多。如果問題改成：「撒謊時鼻子會伸長的木偶存在嗎？」就可以回答：「當然存在！是皮諾丘！」或者可以回答：「不存在，他只是義大利作家科洛迪想像出來的而已。」

兩種答案都對，因為答案用的是動詞「存在」的不同意義。

「存在」這個動詞有很多不同的用法，我們可以說一種事物的存在，包括法律、石頭、國家、戰爭、戲劇中的角色、不是我們信仰的宗教神明和自身信仰的宗教神明、偉大的愛、數字……這些實體的「存在」和「真實的」，與其他實體都有不同的意義。可以問自己，一樣事物在什麼意義上存在或不存在（皮諾丘作為文學角色是存在的，但在義大利任何一間戶政事務所都找不到這個人），或者一樣事物是否有既定的方式存在（西洋棋存在一條規則，如果你移動了城堡，就不能再「王車易位」）。籠統地問「什麼是真實的」「或什麼存在」，只是在問你想要怎樣用這兩個形容詞和動詞[*6]。這是個文法問題，不是關於自然本質的問題。

本質就是原本的樣子，我們需要時間慢慢發現。如果既有的文法與直覺無法輕鬆適應我們的發現難，只能說那太糟了，我們必須找出適應的辦法。

許多現代語言的文法中，動詞都有「現在式」「過去式」「未來式」，但現實的時間真實結構更為複雜，無法進行明確的表述。文法的發展來自人們有限的經驗，在理解到世界豐富的結構之後，才會發現文法的不精確。

客觀而普遍的現在並不存在，當你我想要理解這個發現的意義，卻發現文法的架構是圍繞著過去、現在和未來的絕對差異，只能適用於你我身邊，只能適用於一部分，令人非常困惑。這種文法並非基於這種現實的結構。我們會說一個事件「現在是」「已經是」或「將會是」，但沒辦法說一個事件對我來說是「現在完成式」，但對你來說卻是「現在式」，我們沒有適用的文法同時說明這兩種情況。

切勿讓這種不適用的文法造成困惑。古代有一段文字的描述與地球的球形有關：

> 對那些站在下面的人來說，上方的東西在下面，而下方的東西在上面。

第一次讀到這段文字時會讓人很混亂，「上方的東西在下面，而下方的東西在上面」，這怎麼可能呢？其混亂程度可以媲美《馬克白》開場女巫所說「美即是醜，醜即是美」。但如果考量到地球的形狀和物理學，再讀一遍，就會明白意思了。這句話是在說，對那些生活在世界中心（歐洲）正對面的澳洲人來說，「上」的方向等於是歐洲人的「下」。意思是「上」這個方向在地球上會隨位置而改變。雪梨的上面，就是歐洲人的下面。這段古文寫於兩千年前，作者把自己的直覺與新發現轉換成適當的文字——地球是個球體，「上」與「下」的意義在不同地點會改變。這些文字並非如之前我們所想的，只是一種單一普遍的意義。

我們現在的情形也一樣，努力想讓語言和直覺去適應新的發現：「過去」和「未來」不具有整體適用的意義，會隨著地點變化。僅此而已。

世界上存在著變化，事件之間有著時間結構的關係，這些都不只是幻覺。事件不是普遍存在全世界的，只是局部且複雜，無法用單一的規則來描述。

「過去、現在和未來之間的區別，只不過是一種不斷持續的幻覺。」難道愛因斯坦的意思不是在說，他的想法剛好與此相反嗎？即便如此，我也不能確定，因為愛因斯坦經常寫出一些像是神喻的文字或語言。愛因斯坦多次改變他對基本問題的想法，不難發現，他的很多話都互相矛盾*8。但在這個例子中，事情或許比較簡單，意義也比較深刻。

愛因斯坦寫下這句話的時間點是友人米歇爾・貝索（Michele Besso）去世時。米歇爾是他的摯友，自蘇黎世大學起，他就陪伴愛因斯坦思考與討論。出現這句話的那封信，並不是寫給物理學家或哲學家的，而是寫給米歇爾的家人，特別是米歇爾的妹妹。這句話的前面是這樣：

現在他（米歇爾）從這個奇怪的世界離開了，比我先走一步，但這沒什麼……。

這封信並不是理直氣壯想要談論世界的結構，只是想安慰一個哀傷的妹妹。一封友善的信，暗示我們米歇爾和愛因斯坦之間的靈性連結。他在信中亦呈現失去一生摯友的痛苦，根據文字，他也想到自己將要面臨的死亡。這是一封用情至深的信，其中所提到的「幻覺」和那些令人心碎的話，指的並不是物理學家所理解的時間，而是來自於生命自身的體驗——脆弱、短暫、充滿幻覺。這段話所說的事，比時間的物理本質還要深刻。

愛因斯坦於一九五五年四月十八日去世，在摯友死後的一個月零三天。

---

1. 想要參考相反的觀點，請見第三章第14個註釋。
2. 在約翰·麥克塔格特（Jonh McTaggrat）一篇著名文章中（*The Unreality of Time*, Mind, N. S., 17, 1908: 457-474; reprinted in The Philosophy of Time, op. cit.），這等於否認了A系列（時間組織為「過去—現在—未來」）這一事實。時間確定的含義就簡化為只有B系列（時間組織為「之前—之後」）。對麥克塔格特來說，這意味著否認時間的真實。我認為他太死板了。我的車運轉的方式，不同於我的設想，也不同於我最初在腦海中的定義方式，並不表示我的車不真實。
3. 一九五五年三月二十一日，愛因斯坦寫信給米歇爾·貝索的兒子和妹妹，摘錄自Albert Einstein and Michele Besso, *Correspondance*, 1903-1955, Hermann, Paris, 1972。
4. 區塊宇宙的經典辯證，來自哲學家希拉里·普特南（Hilary Putnam）在一九六七年發表的一篇著名文章。（'Time and Physical Geometry', *Journal of Philosophy*, 64:

240-247.）普特南使用了愛因斯坦對同時性的定義。像我們在第三章註釋7看到的，如果地球與比鄰星b相對於彼此運動，彼此靠近，地球上的事件A（對地球人而言）與比鄰星b上的事件B是同時的，而事件B與地球上的事件C也是同時的（相對於比鄰星b），那C就是A的未來。普特南假定「同時」意味著「現在是真實的」，並且推斷未來的事件（例如C）現在是真實的。錯誤之處在於，他假定愛因斯坦同時性的定義具有存在論價值，然而這只是方便性的定義。它可以確定相對論的概念，也許可以透過近似簡化為非相對論的概念。但非相對論的同時性是自反與可遷的概念，愛因斯坦的卻不是，因此在不考慮近似的情況下，便假設兩者具有同樣的存在論價值，是沒有意義的。

5. 根據物理發現，現在論的不可能性，代表時間是個幻象，這是哥德爾提出的論證（‘A Remark about the Relationship between Relativity Theory and Idealistic Philosophy’，請參見 *Albert Einstein: Philosopher-Scientist*, ed. P. A. Schlipp, Library of Living Philosophers, Evanston, 1949.）。錯誤之處經常在於把時間定義為單一的概念體，不是全盤肯定就是全盤否定。馬洛・多拉托（Mauro Dorato）對這點討論得很清楚（*Che cos'è il tempo?*, op. cit., p. 77）。

6. 例如，可參考 W. V. O. Quine, ‘On What There Is’, *Review of Metaphysics*, 2, 1948:

21-38。關於現實意義的細節討論，參見 J. L. Austin, *Sense and Sensibilia*, Clarendon Press, Oxford, 1962。

7. De Hebd., II, 24, cited in C. H. Kahn, *Anaximander and the Origins of Greek Cosmology*, Columbia University Press, New York, 1960, pp. 84-5.

8. 愛因斯坦強烈支持一個論點，但後來又改變了想法，這些重要論點的例子包括：(1)宇宙的膨脹（最初嘲笑，後來接受）；(2)重力波的存在（最初認為明顯正確，然後否定，最後又接受）；(3)相對論方程式不允許沒有物質的解（一個長久的爭論結果，後來放棄——很正確的決定）；(4)史瓦西視界外空無一物（錯誤，雖然也許他從沒意識到這一點）；(5)重力場方程式無法廣義協變（與格羅斯曼在一九一二年的共同著作中主張這一點；三年以後，又持相反意見）；(6)宇宙常數的重要性（最初證實，然後否定——其實是前面的觀點正確）……。

Dynamics as Relation

第八章　關聯動力學

遲早
時間的精確測量
將會重新開始
我們會在開往最酷寒海岸的船上（II, 9）

如何描述一個所有事情都會發生的世界，但唯獨缺少時間的變數？在這個世界裡，沒有共通的時間，變化的發生也不遵循特定的方向。

只需用最簡單的方式，因為在牛頓讓所有人相信時間變數必不可少之前，我們就是用這種方式思考世界。

描述世界並不需要時間變數，需要的是真正描述世界的各種變數——這些數量是我們可以感知、觀察，最後可以測量的。「道路的長度、樹的高度、額頭的溫度、一片麵包的重量、天空的顏色、穹頂之下的星辰數量、一截竹子的彈性、火車的速度、一隻手壓在肩膀上的壓力、失去的痛苦、鐘錶指針的位置、太陽在天空中的高度……」這些才是我們描述世界的標籤，我們看見這些變化的數量與性質不斷在改變，變化中存在規律：「石頭掉落得比羽毛快、太陽與月亮的間隔運行、日月每個月相交一次……」在這些數量中，我們發現其中一些具有規律的變化，另一些則否：「一年有幾天、月相變化、地平線上太陽的高度、鐘錶指針的位置」，這些可以用來當作參考點：例如，下一回滿月後的第三天、太陽在天空中最高點時相約見面，或明天時鐘指向四點三十五分時我來找你。如果我們可以找到夠多的相關變數，彼此同步，就可以用來表示時間。

我們沒必要從這些變數裡挑一個特殊的量，然後把它命名為「時間」。如果想進行科學研究，需要的是一種理論，可以告訴我們這些變數相對於彼此如何變化，也就是說，當其他變數發生變化，某個變數會怎麼變化。世界的基本理論必須以這種方式建構，不需要有時間變數，只需要告訴大家，在世界上所看見的事物中，它們彼此的關係是什麼，也就是說，這些變數之間有什麼樣的關係[*1]。

量子重力學的基本方程式便是如此建構而成的，裡面不含有時間變數，而是顯示變數之間的可能關係，依此描述世界[*2]。

一九六七年，首次出現不含時間變數的量子重力方程式，這個方程式由布萊斯・戴維特（Bryce DeWitt）與約翰・惠勒（John Wheeler）兩位美國物理學家共同發表，現在稱為惠勒—戴維特方程式[*3]。

起初沒有人能理解這個不含時間變數方程式的意義，或許連惠勒和戴維特也不理解（惠勒：「解釋時間？不解釋存在就不能解釋時間！解釋存在？不解釋時間就不能解釋存在！揭開時間與存在之間的神祕關聯，是未來人們的任務」[*4]）。在學術研討會、辯論、論文中，這個主題討論過非常多次[*5]。而現在，我認為一切已塵埃落定，事情已經非常清楚。在量子重力學基本方程式中，缺乏時間變數根本一點也不神祕。其實，那不過是因為在基本的層級中，並無任何特殊變數存在。

這個理論並不在描述事物**在時間中**如何進展，而在描述一個事物的變化如何與另一個事物關聯*6，世界上發生的事件如何互相關聯。如此而已。

布萊斯和約翰在數年前離開了人世。我在法國馬賽大學做研究時，在牆上掛了一封信，這封信是約翰・惠勒得知我在量子重力方面發表第一項成果時寫給我的。每當我重讀這封信，都參雜著驕傲與懷念的心情。真希望在有限的幾次會面中，能向他請教更多的問題。我最後一次去普林斯頓見他時，我們一起散步了很久，他用老人的溫柔嗓音對我說話。我聽不太清楚他所說的，但是不敢一直勞煩他能否重述一遍。如今他不在了，我再也無法問他問題，或者告訴他我的想法。也無法告訴他，在我看來，他的想法是正確的，並且感謝他在我的研究生涯中一直指引著我。我相信，他是第一個如此接近量子重力奧祕核心的人。因為他不在這裡了，不在此時此地。這就是時間，是記憶與懷念，也是失去的痛苦。

但是，帶來傷感的並非失去，而是情感與愛。沒有情感、沒有愛，失去就不會帶來痛苦。因此，即使是失去帶來的痛苦，終究也是好事，甚至很美，因為它賦予了生命意義。

我與戴維特初見是在倫敦，當時我去拜訪研究量子重力的團體。那時的我是個年輕的初學者，著迷於這個在義大利無人研究的神祕主題，而戴維特是這方面的專家。

到達倫敦帝國學院拜訪克里斯・伊薩姆（Chris Isham）時，得知他在頂樓露臺。我看見克里斯・伊薩姆、卡雷爾・庫查爾（Karel Kuchar）和布萊斯・戴維特，他們三個人圍坐在一張小桌旁，近年來我主要都在研究這三位學者的理念。當時的印象還深刻留在腦海中，透過玻璃，我看到他們正在平靜地討論。對我而言，他們就像三位偉大的禪師，在神祕的微笑間交流著高深的真理。

不過也許他們只是在討論去哪裡吃晚餐。如今回想當時情景，到那時的他們比現在的我還年輕。這也是時間一個奇特的認知轉換。在戴維特去世不久前，他在義大利接受過一次很長的採訪，採訪內容後來發表在一本小書裡*7。直到那時我才發覺，他比我想像的更認同與支持我的工作，因為在我們過去的對話中，他表現得多為提出批評，而非鼓勵。

約翰與布萊斯是我的靈性導師。我暢飲他們思想中新鮮純淨的水源。生而為人，我們依靠情感與思想而活。當我們在同一時間，相會於同一地點，我們彼此交談，凝望對方的眼睛，輕觸彼此的皮膚，交流情感與思想。我們在這種相遇與交流的網絡中成長茁壯。但事實上，我們並不需要在同一時間地點才能有所交流。在我們之間創造情感關聯的思想與情感，不受地理和時間的阻隔，無畏數十年、數百年的時間，可以只靠一張薄薄的信紙維繫，或在電腦的晶片間飛舞。我們是網絡的一部分，這個網絡超越生命的短暫時間，超越腳踩的一方土地。這本書也是屬於這張網絡的一部分。

因為懷念起約翰和布萊斯，偏離了些思路。在這一章，我想說的是，他們已經發現了描述世界的動力學方程式，結構極其簡單，描述可能的事件以及事件之間的關聯，僅此而已。

這就是力學的基本形式，不需要提到「時間」。不含時間的世界並不複雜，是一個事件互相關聯的網絡，其中的變數遵守機率法則，而我們竟然懂得它是怎麼寫的，真是不可思議。它所描述的是一個清楚的世界，有如山頂風景的美麗，清風吹拂，亦如少年嘴唇的裂痕。

基本量子事件與自旋網路

我所研究的迴圈量子重力方程式[*8]，是惠勒和戴維特理論的現代版本。這些方程式中沒有時間變數。

理論中描述場的各種變數，包括物質、光子、電子、原子的其他組成部分和重力場，都屬於同一個層級。迴圈理論不是「萬物的統一理論」，甚至從一開始便沒有宣稱自己是終極的科學理論。它由同調（coherent）的幾個不同部分組成，如我們至今所認識的，它所尋求的也「只是」對世界進行同調的描述。

「場」以粒子狀的形式顯現，包括基本粒子、光子、重力子或其他「空間量子」。這些基本顆粒並不存在於空間內，它們形成了空間。世界的空間由這些粒子間互相作用的網路所組成。它們並不居於時間之中，而是彼此不斷發生互相作用，只有在互相作用時才存在。這種互相作用就是世界出現的原因，是時間最小的基本形式，既沒有方向性，也非線性。它並不具有愛因斯坦研究的平滑彎曲的幾何結構，而是一種互相作用。量子在互相作用中，與發生互相作用的事物產生關聯，也因此顯現出它們的實體。

這些互相作用的動力學是機率性的。原則上可以用這個理論的方程式來計算某個事件發生或某樣東西會出現的機率。

我們無法畫一幅完整的世界地圖，或是完整的幾何圖，因為這些現象只有在基本粒子在與一個物理系統互相作用時才會出現，包括時間的流逝。世界就像是互相關聯的點集合。談論一個「從外面看到」的世界是沒有意義的，因為世界沒有「外面」的東西。

重力場的基本量子存在於普朗克尺度，這種基本顆粒的構造，是由不固定的材料所組成，愛因斯坦以此重新解釋了牛頓的絕對時空。這些基本量子，以及它們之間的互相作用，決定了空間的擴張與時間的間隔。

基本顆粒的空間相鄰，使空間中的基本顆粒發生關聯，連結成網，稱為「自旋網路」（spin networks），「自旋」一詞來自於描述空間粒子的數學[*9]。自旋網路中的一個環稱為「迴圈」（loop），「迴圈理論」便是得名於這些迴圈。

這些自旋網路經過不連續的跳躍，會彼此互相轉化，理論描述這種構造為「自旋泡沫」（spinfoam）[*10]。

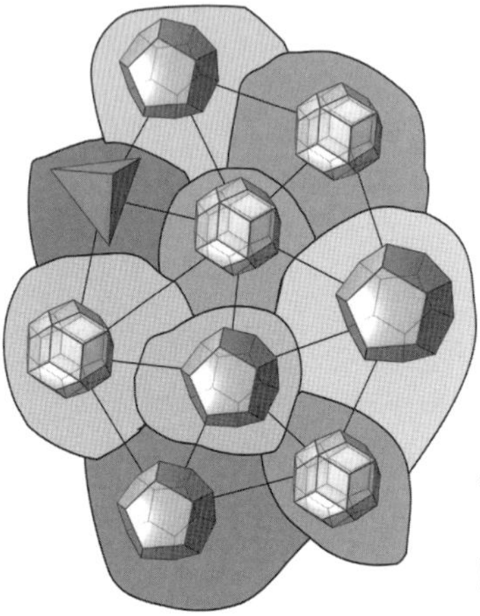

基本空間粒子網（或稱自旋網路）簡圖

這些跳躍的出現，在大尺度上所描繪出的圖案，對我們就像是時空的平滑結構。

在小尺度上，迴圈理論描述的「量子時空」是上下起伏、機率性、不連續的，在這個尺度上，只有一大群蜂擁的量子出現又消失。

這就是我每天所研究的世界。這個世界並不尋常，但並非毫無意義。例如，我在馬賽的研究團隊嘗試計算黑洞歷經量子態時，需要多少時間才會爆炸。

在此時期，黑洞內部及周圍區域，不再存有單一確定的時空，存在的只有自旋網路的量子疊加。正如一個電子在放射的時刻，以及抵達螢幕的時刻兩者之間，會展現成機率雲，電子會經過不止一個位置，因此黑洞量子塌縮的時空，也會歷經一個階段，這個階段的時間會產生激烈波動，不同的時間會形成量子疊加，在爆炸之後會重新回到確定態（determined state）。

在這個階段中，時間完全不確定，但方程式仍可告訴我們發生了什麼，這些方程式不包含時間。

這就是迴圈理論所描繪的世界。

自旋網路簡圖

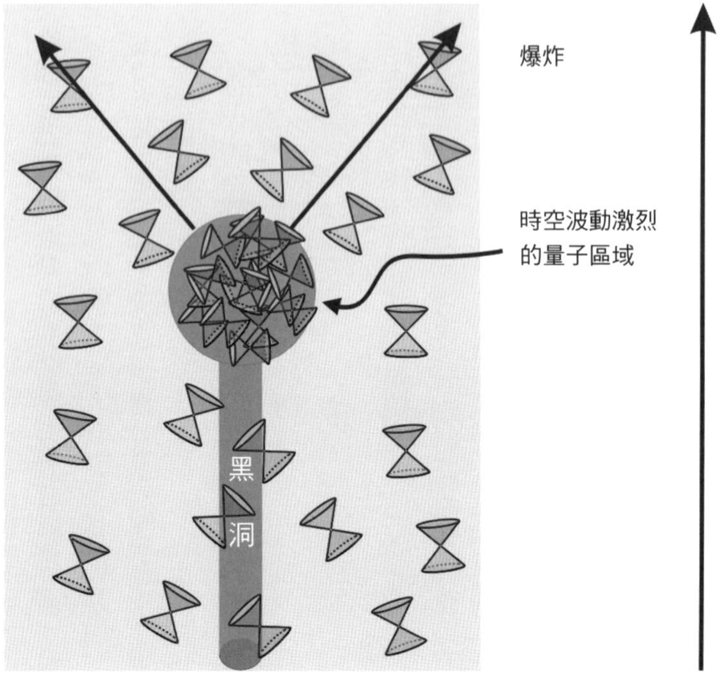

我不能確定這就是對世界的正確描述，但這是迄今為止我所僅知的、能夠在不忽略量子特性的前提下，思考時空結構的同調與完整的唯一方式。迴圈量子重力顯示，我們的確有可能寫出一個不包含基本時空的同調理論，而且可以利用它進行定性的預測。

在這類理論中，時間與空間不再是世界的容器或世界的一般形式，時空變成近似於量子動力，其中既不包含時間，也不包含空間，只有事件和關聯性。這是一個世界，沒有基礎物理學的時間。

---

1. 描述系統在時間中演化的力學理論的一般形式，是由相空間和哈密頓量 H 所提出。演化由 H 產生的軌道描述，以時間 t 為參數。描述相對於彼此變化的變數演化的力學理論的一般形式，由相空間和常數 C 所定。變數間的關係由 C 產生的軌道所提出，其中子空間 $C=0$。這些軌道的參數沒有物理意義。詳細的學術討論參見Carlo Rovelli, *Quantum Gravity*, Cambridge University Press, Cambridge, 2004（第三章）。簡明的技術解釋可參考Carlo Rovelli,'Forget Time', Foundations of Physics, 41, 2011: 1475-1490, https://arxiv.org/abs/0903.3832。
2. 較容易理解的迴圈量子重力論，可以參考我的另一本書 *Reality is Not What It Seems*。
3. B. S. DeWitt, 'Quantum Theory of Gravity. I. The Canonical Theory', *Physical Review*, 160, 1967: 1113-1148.
4. J. A. Wheeler, 'Hermann Weyl and the Unity of Knowledge', *American Scientist*, 74, 1986: 366-375.

5. J. Butterfield and C. J. Isham, 'On the Emergence of Time in Quantum Gravity', in *The Arguments of Time*, ed. J. Butterfield, Oxford University Press, Oxford, 1999: 111-168（http:// philsciarchive.pitt.edu/1914/1/EmergTimeQG=9901024.pdf）. H. D. Zeh, *Die Physik der Zeitrichtung*, op. cit., *Physics Meets Philosophy at the Planck Scale*, ed. C. Callender and N. Huggett, Cambridge University Press, Cambridge, 2001. S. Carroll, From Eternity to Here, Dutton, New York, 2010.

6. 描述系統在時間中演化的量子理論的一般形式，由希爾伯特空間和哈密頓量H所提出。演化由薛丁格方程式 $i\hbar\partial_t\Psi=H\Psi$ 描述。測量Ψ'態後經時間 t 再測量純態Ψ'的機率，由躍遷振幅 $<\Psi|\exp[-iHt/\hbar]\Psi'>$ 所提出。描述變數相對於彼此演化的量子理論的一般形式由希爾伯特空間和惠勒—戴維特方程式 $C\Psi=0$ 所提出。測量Ψ態後測量Ψ'態的機率，由振幅決定。詳細的技術討論可參考 Carlo Rovelli, *Quantum Gravity*（第五章），簡明的技術版本可參考 Carlo Rovelli, 'Forget Time'。

7. B. S. DeWitt, *Sopra un raggio di luce*, Di Renzo, Rome, 2005.

8. 方程式有三個：它們定義了理論的希爾伯特空間，該理論定義了基本算符，其本征態描述了空間量子與它們之間轉化的機率。

9. 自旋是列舉空間對稱的 $SO(3)$ 群表現的量。描述自旋網路的數學與普通物理空間的數學有著相同的特徵。

10. 這些爭論的細節，請進一步參考本書作者的另一本著作：*Reality is Not What It Seems*, op. cit.。

Time is Ignorance

第九章　時間即無知

別問
你或我剩餘的時日
大白斑蝶
這是我們之間的祕密
不要嘗試深奧的計算（I, 11）

生有時，死有時；哀慟有時，舞蹈有時；殺戮有時，療癒有時；摧毀有時，建設有時[*1]。至此，是時候摧毀時間了。現在，我們要重建時間——尋找時間的源頭，認識時間從何而來。

在世界的基礎動力中，如果所有變數都是等價，那我們人類稱為「時間」的東西，究竟是什麼？手錶測量的是什麼？總是向前奔跑，從不後退的是什麼？又為何如此？它也許不屬於世界基本文法的一部分，但它究竟是什麼？

許多事物都不是世界基本文法的一部分，只是以某種方式「出現」。例如：

- 貓不是宇宙的基本要素，牠是一種出現在我們所居住星球許多地方的複雜事物，並重複繁衍。
- 操場上有一群男孩決定要進行一場足球比賽。通常會以兩個最厲害的孩子為首，分別輪流挑選想要的隊員，最後擲硬幣決定誰先開球。在這個正式的流程之後，會形成兩支隊伍。在選好之前，這兩支隊伍在哪裡呢？它們並不存在，它們是從這個過程中出現的。
- 「高」與「低」從哪來？這些詞彙我們十分熟悉，但並沒有出現在基本方程式裡。它們來自與我們緊密相連並且吸引著我們的地球。「高」與

「低」在宇宙中特定的環境下才會出現，例如像我們一樣，在質量很大的物體附近才會出現。

- 在山裡會看到山谷被雲海圍繞。潔白的雲，表面閃爍著光芒。往山谷走去，空氣變得濕潤，一切變得模糊不清，天空也不再是藍色。我們發現到自己置身於雲霧中，前面說的雲海表面消失了。它的消失是漸進的，並沒有把雲霧與高山稀薄空氣分隔開來的表面。這並不是幻覺，而是從遠處看的景象。仔細想想，所有表面似乎都是這樣。如果人能夠縮得很小，小到足夠進入原子的尺度，就會看到一張密實的大理石桌，就像雲霧一樣。世界上的所有事物，只要靠得夠近，一切看起來都會變得模糊。高山在哪裡結束，平地又從哪裡開始？草原從哪裡開始，沙漠又在哪裡結束？我們把世界分成很多部分，我們是用對自己有意義的方式來思考，這些概念只會在特定的尺度出現。
- 我們看見天空每天都圍繞我們旋轉，但旋轉的其實是我們。所以宇宙每天的旋轉景象是個「幻覺」嗎？不，它是真實的，但不僅只與宇宙本身有關，而是與我們和太陽、星星的關係有關。我們通過理解自己如何運動來理解這個問題。從宇宙與我們之間的關係，出現了宇宙的運動。

在這些例子中，真實的事物——貓、足球隊、高與低、雲的表面、宇宙的旋轉——都出現在世界上，而從更簡單的層級來說，世界上並沒有貓、足球隊、高與低、雲的表面，也沒有旋轉的宇宙……從沒有時間的世界中，時間出現了，時間出現的方式，與這些例子有相似之處。

時間的重建開始於本章以及下一章，共兩個小章，雖然簡短，卻專業。如果不容易閱讀，可以跳過此章節，直接閱讀第十一章。從第十一章開始，會逐步討論更多與人類相關的事物。

熱學的時間

在熱分子混合的激烈過程中，所有變量都在不停發生變化。

然而，只有一個量不會變——孤立系統的總能量。能量與時間之間有著緊密的連結，形成很有特點的一對物理量，物理學家稱為「共軛」（Conjugate），例如位置與動量，方向與角動量。這些成對的量彼此關聯。一方面，知道一個系統的能量可能是多少[*2]（與其他變數之間的關聯），就相當於知道時間如何流動，因為時間變化的方程式遵守能量的形式[*3]；另一方面，能量在時間中是守恆的，因此即使其他量都發生改變，能量也不會改變。在熱騷動中，系統[*4]所經過的所有組態都具有相同的能量。這些組態的集合（我們模糊的宏觀視野所無法分辨）就是（宏觀的）「平衡態」——一杯看似平靜的熱水。

通常，解釋時間與平衡態之間的關係，是把時間看作絕對的客觀；能量掌管系統的時間演化，平衡態系統是所有混合都達成相同的能量狀態。因此，解釋這個關係的傳統邏輯是：

時間→能量→宏觀態[*5]

也就是說，想要定義宏觀態，首先需要知道能量；想要定義能量，必須知道時間是什麼。依照這種邏輯，則是先有時間，而且時間獨立於其他事物之外。

但對於這個關係，還有另一種思考方式——反向解讀。即觀察到一個宏觀態，也就是世界的模糊形象，可以解釋為保有一定能量混合的結果，於是就會產生時間。

這種觀察開啟了新視野：在一個基本物理系統中，沒有任何像「時間」的特殊變數，所有變數都屬於同一層級，但以宏觀態來描述時，我們只有一個模糊的概念——一般的宏觀態會決定一個時間。

這點很重要，所以要再重複一遍。一個宏觀態（細節略去不計）選擇了一個特殊的變數，該變數具有時間的某些特徵。

換句話說，僅僅是因為「模糊」的結果而決定了時間的定義。波茲曼經由一個事實體認到，熱現象與模糊有關，因為在一杯水中，有無數我們看不到的微觀現象，水的可能微觀組態量就是它的熵。但再進一步，還有些東西是真實的，模糊本身決定了一個特殊的變數——時間。

在基礎相對論物理學中，沒有其他變數像時間那樣，扮演著先驗的角色。我們可以反轉宏觀態與時間進展之間的關係反轉——並不是時間的進展決定了狀態，而是狀態（模糊）決定了時間。

以這種宏觀態方式決定的時間，稱為「熱學的時間」（thermal time）。但在什麼意義上可說它就是時間呢？就微觀觀點而言，它沒有什麼特別的，和其他變量一樣。

但從宏觀來看，它有個重要的特徵——在同一層級的變數中，熱學時間的表現方式最接近於我們一般所說的「時間」，因為它與宏觀態的關係，與我們的熱力學認知完全一致。

但它並不是個統一適用的時間，因為它受宏觀態決定，也就是由模糊、不完全的描述而決定。我會在下一章繼續討論這種模糊的起源。但在此之前，讓我們想一想，另一種考慮量子力學的情形。

量子時間

羅傑・潘洛斯（Roger Penrose）是時空領域的科學家[7]。他的研究結論是，相對論物理並非不相容於我們的時間流動經驗，只是不足以解釋這個經驗。他建議，缺失之處可能在於量子交互作用（quantum interaction）[8]其中所發生的事。法國數學家阿蘭・科納（Alain Connes）指出量子交互作用在時間的起源上擔任重要角色。

當一個交互作用使得分子的**位置**具體化，分子的狀態就發生改變。分子的**速度**也有同樣的情形。如果先物質化的是速度，然後是位置，那麼分子狀態的改變，就會不同於先位置後速度的改變。速度和位置的順序很重要。如果先測量電子的位置，再測量速度，那麼分子狀態的改變會與先測速度再測位置不同。

這稱為量子變數的「不可交換性」（noncommutativity），因為位置與速度「不可交換」，交換順序會有影響。這種不可交換性是量子力學的典型現象之一。不可交換性決定了順序，在確定兩個物理量的同時，也帶來了時間的起源。決定一個物理量並不是獨立的行為，而是與交互作用有關。這些交互作用的效應取決於順序，這種順序就是時間順序的最初形式。

交互作用的效應取決於發生時的順序，或許這才是世界時間順序的起源。科納提出了一個奇妙的想法：在基本的量子轉換中，時間最初起源所根據的事實就是這些交互作用是（部分）自然有序的。

科納為這種想法提供了一個深思熟慮的數學版本——顯示一種時間流可以間接以物理量的不可交換性來定義。由於不可交換性，一個系統中的各物理量定義了一種數學結構，稱為「不可交換性馮紐曼代數」（noncommutative von Neumann algebra），科納說明，這些結構本身就具有隱含定義的時間流動[*9]。

令人驚訝的是，阿蘭・科納的量子系統，與我前一節討論過的熱學時間之間，有著極度緊密的關聯。科納證明，在量子系統中，由不同宏觀態決定的熱流是相當的，具有特定的內在對稱性[*10]，它們共同形成了科納的量子系統流[*11]。更簡單地說，由宏觀態決定的時間，與量子不可交換性決定的時間，是同一現象的不同面向。

我相信，這個熱學時間及量子時間[*12]，就是在真實宇宙中我們稱為「時間」的變數，但在基本物理的層級，時間變數其實並不存在。世界上萬物固有的量子不確定性會產生模糊，如同波茲曼的模糊，我們能一一去測量世界上所有可測量的事物，這個世界的不可預知性依然存在。這與古典物理所說的截然不同。

模糊的起源——量子不確定性，以及物理系統由無數分子組成，這兩個事實都是時間的核心。時間性與模糊密切相關。模糊是因為我們對世界的微觀細節一無所知。因此物理學的時間，終極呈現出我們對世界的一無所知。時間即無知。

阿蘭・科納與兩個朋友合著了一本科幻小說。主角夏綠蒂（Charlotte）可讓自己在某個時刻掌握世界的全部資訊，沒有模糊。她能夠直接「看見」世界，超越時間。

我擁有一個好運，可以體驗到自己存在的全觀視野——不僅是某個特別的瞬間，而是對於「作為一個整體」的我的存在。我能夠比較空間的有限本質與時間的有限本質，空間的有限本質無人置喙，但時間的有限本質，卻是人類極為憤怒的根源。

然後回到時間。

印象中，我失去了所有量子視角產生的無限資訊，我的損失足以任由我無力抵抗，只能被拖回時間的長流。

這種情緒是由時間的情緒所造成。

這種時間的再度重現，對我而言就像是入侵，它是心理上混亂、痛苦、恐懼、錯亂的源頭*13。

關於現實模糊與不確定的圖像，決定了一個變數，即熱學時間，它的性質奇特怪異，開始與我們所說的「時間」愈來愈相像——熱學時間與平衡態具有正關聯性。熱學時間與熱力學密切相關，因此與熱量有關，但與我們所經驗的時間並不完全相像，因為它沒有過去和未來的分別、沒有方向，也缺乏我們所說的流動。我們仍無法觸及自己所經驗的時間。

對我們來說，過去和未來的分別如此重要，它究竟來自何處呢？

---

1. Cf. Ecclesiastes 3: 2-4.
2. 更準確的說是哈密頓量 H，即能量是位置與速度的函數。
3. $dA/dt=\{A,H\}$，其中 $\{,\}$ 是泊松括弧（Poisson brackets），A 是任意變數。
4. 遍歷性（Ergodic）。
5. 比我在文章中所引用的微正則形式，波茲曼的正則形式更易讀：
   $\rho=\exp[-H/kT]$ 的狀態，由產生時間演化的哈密頓量 H 決定。
6. $H=-kT\ln[\rho]$ 決定了哈密頓量（最大為一個乘法常數），在這個方程式下「熱學」時間從 ρ 態開始。

7. Roger Penrose, *The Emperor's New Mind*, Oxford University Press, Oxford, 1989; *The Road to Reality*, Cape, London, 2004.

8. 在量子力學中的通用詞稱為「測量」。這個詞同樣具有誤導性，因為它談及的是物理實驗，而非世界。

9. Tomita-Takesaki 定理證明，馮紐曼代數的態定義了一個流（單參數模組自同構群）。科納證明了不同態定義的流等價於內部的自同構，因而定義了只由代數不可交換性結構決定的抽象流。

10. 代數的內部自同構，請見上一條註釋。

11. 在馮紐曼代數中，一個態的熱學時間就是 Tomita 流！相對於這種流，這個態就是 KMS。

12. 參考 Carlo Rovelli,'Statistical Mechanics of Gravity and the Thermodynamical Origin of Time', *Classical and Quantum Gravity*, 10, 1993: 1549-1566; Alain Connes and Carlo Rovelli, 'Von Neumann Algebra Automorphisms and Time Thermodynamics Relation in General Covariant Quantum Theories', *Classical and Quantum Gravity*, 11, 1994 : 2899-2918.

13. A. Connes, D. Chéreau and H. Dixmier, *Le Théâtre quantique*, Odile Jacob, Paris, 2013.

Perspective

第十章　視角

在祂的智慧之下
那看不透的夜晚
一個神靈
關閉了時間的紐帶
嘲笑著我們人類的恐懼（III, 29）

過去和未來之間的所有差別，也許完全都是因為在這個世界上，過去的熵比較低[*1]。為何過去的熵會比較低呢？

在本章中，我要描述一種觀點，提供一種可能的答案：「如果你願意聽我的答案，請你明白，這也許只是個不切實際的推測」[*2]。我不敢保證這是正確的答案，但我非常喜歡這個答案[*3]。或許它可以幫助我們釐清很多事情。

旋轉的是我們

仔細想想，無論人類有什麼獨到之處，終究只是自然的一分子，是宇宙這幅宏偉壁畫的一部分，是許多小部分裡面的一個小部分。

在我們自己與其餘的世界之間，具有物理的交相作用。很明顯，並非所有變數都與我們或我們所屬的部分世界有交互作用。只有很少變數真的與我們有交互作用，絕大部分則完全沒有交互作用。世界的不同組態對我們來說似乎都是相等的，這就是其中的原因。我與一杯水——世界的兩個部分——之間的物理作用，與水中單個分子的運動無關。同樣的，我與一個遙遠星系之間的物理作用——世界的兩個部分——也會忽略在那裡出現的細節。我們對世界的視野之所以是模糊的，是因為我們所處的這一小部分世界，與世界另一小部分之間的交互作用，會無視很多變數。

這種模糊是波茲曼理論的核心[*4]。熱量與熵的概念便是誕生於這種模糊之中，這些都與一種現象緊密相關，也就是具有時間流動特性的現象。一個系統的熵與模糊直接相關。它取決於我沒有**記錄**下什麼，因為它取決於**不可分辨**狀態的數量。同一微觀態的熵，相對於一種模糊狀態也許很高，但相對於另一種模糊狀態也許就很低。

但這並不表示模糊只是一種心理上的構想，它依存於實際的、真實存在的物理作用[*5]。熵不是一種任意或主觀的量，而是一種**相對**量，就像速度。

一個物體的速度，並非專屬於此物體本身的屬性，而是此物體相對於另一物體的屬性。在一列行進火車上奔跑的小女孩有一個相對於火車的速度值（每秒跑幾步），相對於地面又具有另一個值（每小時跑一百公里）。如果小女孩的媽媽對她說：「安靜！不要動！」意思不是要她從車窗跳出去，變成**相對於地面**是靜止的。她的意思是，孩子應該**相對於火車**安靜下來。速度是一個物體相對於另一個物體的屬性，是一種相對量。

熵也是如此。A相對於B的熵，要計算的是A狀態的量，這些量在A與B**物理**交互作用中是沒有區分的。

釐清這個經常引起困惑的問題後，便可以為神祕的時間之箭，提供一種吸引人的解答。

世界的熵並非只取決於世界的狀態，還取決於我們模糊世界的方式，而這又取決於我們與哪些變數發生交互作用，即我們這部分世界與變數的相互作用。

很久以前，世界的熵在我們看來非常低，但可能這種觀點並沒有反映出世界的準確狀態，也許只考慮過與我們物理系統曾發生交互作用的變數小集合。我們與世界之間的交互作用，以及描述世界所用的宏觀變數小集合，之所以會產生模糊，正由於這種戲劇性的模糊，所以宇宙的熵才會很低。

這個事實開啟了一種可能性——也許宇宙並不是在過去處於一種特殊狀態，也許其實是我們，以及我們與世界的交互作用才是特殊的。是我們決定了特殊的宏觀描述。宇宙最初的低熵，以及時間之箭，也許更多源自於我們，而非宇宙本身。這才是基本概念。

接著來思考一個最壯觀也最明顯的現象：天空的日夜旋轉。這是我們身處宇宙中，身邊最能即時觀察到，又最壯觀的特色——天空會旋轉。但這個旋轉真的是宇宙的特色嗎？並非如此。雖然花費了數千年時間，但人們終究明白了旋轉的是我們，而非宇宙。天空的旋轉是一種視角的效果，是基於我們在地球上特殊的運動方式，而不是由於什麼宇宙動力的神祕性質。

關於時間之箭，想必情況也是相似的。我們作為物理系統的一部分，宇宙起始的低熵，也許是由於我們與宇宙之間特殊的交互作用方式。我們適應了宇宙面向的一些特殊小集合，**這一點**就是影響時間方向的原因。

我們與世界其他部分的特殊交互作用，如何決定了最初的低熵呢？我們可以取十二張卡片，分別為六張紅色、六張黑色，然後把所有紅卡都放在黑卡上面並開始洗牌，接著找找看在紅卡上面的黑卡有幾張。你會發現，洗牌前沒有一張黑卡在上面，洗完牌後會有幾張黑卡在上面。這就是熵增加的一個簡單例子。遊戲開始時，在紅卡上面的黑卡數量為零（熵很低），那是因為開始的時候卡片呈**特殊**排列。

現在來玩另一個遊戲。首先，將這十二張卡片任意洗牌，洗好後先記住前六張卡片，然後再洗一次牌，查看有哪些其他卡片跑到這六張卡片中間。最初一張沒有，然後數量增加，就像上個例子一樣，熵也一樣增加了。但這兩個例子有個關鍵的差別——在這個例子開始時，卡片是**隨機**排列的。是**你先**記住了一開始的前六張卡片，所以才認為這些卡片很特殊。

對宇宙的熵來說，情況可能是一樣的——也許它並沒有位於什麼特殊狀態；也許是我們位於一個特殊物理系統中，相對於這個系統，宇宙的狀態才是特殊的。

但為什麼會有這樣一個物理系統？相對於這個系統，宇宙最初的狀態為何會如此特殊呢？因為在浩瀚宇宙中，存在著無數的物理系統，彼此交互作用的方式更是數不清。在這些系統中，無盡的機率遊戲以及龐大的數字，必然會有某些具有這些特殊變數的系統，在與宇宙其他部分交互作用的過程中，發現自身在過去具有特殊的值。

宇宙如此浩瀚，因此存在一些「特殊」的小集合。樂透每星期都會開獎，因此沒什麼可驚訝的。假設整個宇宙在過去都處於「特殊」狀態，這不是一件自然的事，但假設宇宙有一些部分很「特殊」，就沒有什麼不正常的了。

如果宇宙的一個小集合在這種意義上很特殊，那麼對這個小集合來說，宇宙的熵在過去是很低的，因此熱力學第二定律成立。記憶會存在，痕跡會留下，也會有進化、生命與思想。

換句話說，如果宇宙中有像這樣的事（我覺得這很自然，很可能有），那麼我們便屬於這樣的事。這裡的「我們」指的是我們經常接觸並用來描述世界的物理變量的集合。因此，也許時間的流動不是宇宙的特徵，就像天空的旋轉，其實是來自我們在自己角度中的特殊視角。

但為什麼我們會屬於這些特殊的系統呢？蘋果生長在北歐，北歐人喝蘋果汁；葡萄生長在南歐，南歐人喝葡萄酒，兩者的道理是一樣的。例如在我出生的地方，人們居然剛好說的是我的母語；或是溫暖人類的太陽，是因為地球位在剛好正確的距離，不近也不遠。在這些例子中，「奇特」的巧合都源於顛倒了因果關係——不是蘋果生長在喝蘋果汁的地方，而是在有蘋果的地方，人們才喝蘋果汁。這樣解釋，就沒什麼好奇怪了。

同樣的，在各種無限的宇宙中，可能會有一些物理系統透過一些特殊的變數，與世界其他部分交互作用，定義了最初的低熵。對這些系統來說，熵不斷在增加。就是在那裡，不是在其他地方，存在著與時間流動相關的典型現象——生命、進化、思想，以及我們對時間流逝的感知，都成為可能。蘋果生長，製造蘋果汁，這就是時間。蘋果的甜蜜果汁，蘊含了所有美妙的滋味，以及生命的酸甜苦辣。

指示性

進行科學活動時，我們會希望盡可能以客觀的方式描述世界，努力消除個人視角的扭曲與錯覺。科學嚮往客觀，希望能夠在可能達成共識的事物上得到統一的觀點。

這點令人敬佩，但需要注意的是，如果在觀察時忽略了某些視角，就看不到某些事物。在迫切追求客觀性的同時，千萬不能忘記，我們對世界的經驗來自世界內部，這才是科學。我們對世界投去的每一瞥，都來自一個特殊的視角。

將這個事實列入考量，可幫助我們釐清許多事，例如地圖告訴我們的與我們實際所見之門的關係。要比較地圖和所見的，需要加入一條關鍵訊息——我們必須在地圖上辨識出自己的準確位置。地圖並不知道我們在哪裡，至少地圖沒有被固定在它所標示的位置——例如山區村落的地圖中，有些會標示步行路線，上面會有個紅點，旁邊寫著「你的位置」。

這句話真奇怪，地圖怎麼會知道我們在哪裡？也許我們是在遠處用望遠鏡看到的。地圖應該要說：「我是一張地圖，我在這裡。」然後在紅點旁加個箭號。不過這行字說的是地圖本身也很奇怪。這究竟是什麼？

這就是哲學家所謂的「指示性」（indexicality）——有一些詞語的特徵是，每次在說這些詞語的時候，意義都不同，會根據地點、方式、時間和說話者而定。例如「這裡」「現在」「我」「這個」「今晚」等，都具有不同的意義。意義取決於是誰說的，在什麼背景下說的等等。如果我說「我的名字叫卡羅・羅維理」，這是對的，如果另一個不叫這個名字的人也這麼說，就是錯的。「現在是二〇一六年九月十二日」，我在寫這句話的時候，這麼說是對的，但再過幾個小時就不對了。這些指示性的詞語用法，明確說明了**個人視角**的存在，我們對可觀察世界的每一個描述，都含有個人視角的要素。

如果我們對世界做出一個忽略視角的描述，即完全「站在外面」，脫離空間、時間、主體，那麼或許可以說許多事，但會失去世界的某些重要層面。因為我們所擁有的世界是從內部看的，不是從外部。

在世界上看到的許多事物，唯有把個人視角考慮在內，才能夠理解。如果不這樣做，反而會難以理解看到的事物。我們每一刻的體驗，都處於世界之內——在思維、大腦之內，在空間中的某個位置，在時間的瞬間內。為了理解我們對時間的經驗，我們存在於世界之中，這一點是至關重要的。簡單地說，千萬不要混淆了屬於「從外部觀察」的世界時間結構，以及我們作為世界的一部分、身處其中所觀察到的世界各面向[*6]。

為了運用一張地圖，只從外面看是不夠的，我們必須知道，相對於它所顯示的內容，我們的位置在哪裡。想要理解我們的空間經驗，只考慮牛頓空間是不夠的，必須記得，我們是從內部觀察這個空間的，而且是局限於某個位置。為了理解時間，站在外面想是不夠的，我們必須明白，每一刻的體驗，都位於時間**之內**。

我們是在內部觀察宇宙，與宇宙無數變數中極其微小的一部分交互作用。我們見到的是一幅模糊的圖像，這幅模糊的圖像顯示，與我們互相影響的宇宙動力是由熵所統轄，它測量了模糊的程度。它所測量的事物，比宇宙更與我們有關。

我們正在危險地接近自己。我們幾乎可以聽到《伊底帕斯》（*Oedipus*）裡面的提瑞西阿斯（Tiresias）說：「停下來！否則你就會找到自己。」或是十二世紀的希德嘉・馮・賓根（Hildegard of Bingen）為了尋找絕對，最終把「全體人類」放到了宇宙的中心。

但是，在到達「我們」之前，還需要用另一章解說熵的增加，如何可能產生了廣大時間的整體現象——也許只是視角的效應。

容我總結一下前後兩章的難解內容，希望還沒把所有讀者嚇跑。在基礎層級，世界是事件的集合，不按時間順序排列。這些事件會在**先驗**的物理量之間顯示出同一層級的關係。世界的每個部分與全部變數的一小部分發生交互作用，變數的值決定了「世界相對於某特殊子系統的狀態」。

一個小系統*S*不能分辨宇宙其他部分的細節，因為它只與宇宙其他部分的很小

全體人類位於宇宙的中心，出自《神之功業書》（*Liber Divinorum Operum*, 1164-70），賓根。

一部分變數交互作用。宇宙相對於S的熵，計算的是S不可分辨的宇宙（微觀）狀態。相對於S，宇宙顯現出高熵組態（high-entropy configuration），因為（根據定義）有更多的微觀態（microstate）處於高熵組態，因而它更有可能剛好是這些微觀態中的一個。

依照上面的解釋，有一種流動與高熵組態相關，這種流動的參數就是熱學時間。對於一個普通的小系統S，在整個熱學時間流動的過程中，熵會一直很高，當然也許會上下起伏，因為畢竟我們面對的是機率，而非不變的法則。

我們碰巧在這個浩瀚無垠的宇宙中生活，具有無數個小系統S，在其中一些小系統S中，熵的上下起伏很特殊，在熱學時間流動兩端的其中一端，熵剛好較低。對這些系統S來說，上下起伏不是對稱的，熵會增加。這種增加就是我們體驗到的時間流動。特殊之處並不在於早期宇宙的狀態，而是我們所屬的小系統S。

我無法確定是否講了一個很有道理的故事，但我並不知道是否還有其他更好的故事。因此，我們只好接受那個基於觀察的假設——熵在宇宙形成之初很低——並且到此為止了[*7]。

克勞修斯所提出的定律$\Delta S \geq 0$，以及波茲曼對此定律所提出的解釋，一直指引著我們——熵永遠不會減少。為了重新尋找失去的普世規則，我們再度出發，找到特殊子系統一種可能的透視效果。讓我們再回到那裡，重新開始。

---

1. 這個問題有很多讓人困惑的方面。一個精妙可信的評論請參考'The "Past Hypothesis": Not Even False', *Studies in History and Philosophy of Modern Physics*, 37, 2006, pp. 399-430。文章中「過去的熵會比較低」正如Earman在文中的論證，是從更一般的意義上理解的。
2. Friedrich Nietzsche, The Gay Science, trans. With commentary by Walter Kaufman, Vintage, New York, 1974: 297.
3. 細節可參考Carlo Rovelli, 'Is Time's Arrow Perspectival?' (2015), in The Philosophy of Cosmology, ed. K. Chamcham, J. Silk, J. D. Barrow and S. Saunders, Cambridge University Press, Cambridge, 2017, https://arxiv.org/abs/1505.01125。
4. 在熱力學的經典表述裡，我們描述一個系統時，會首先指定一些我們假定可以從外部對其進行作用的變數（例如移動活塞），或者假定可以測量哪些變數（例如其組成部分相對集中）。這些是「熱力學變數」。熱力學事實上並不是在描述系統，而是系統的這些變量——那些我們假定可以用來與系統互相作用的變數。
5. 例如，這個房間空氣的熵取值是把空氣看作同一種類，但如果測量其化學組成，熵就會變化（減少）。

6. 當代哲學家詹南・伊斯梅爾 Jenann T. Ismael 闡釋過世界的相對本性的這些方面，參見 *The Situated Self*, Oxford University Press, New York, 2007。Ismael 也寫了一本很棒的關於自由意志的書：*How Physics Makes Us Free*, Oxford University Press, New York, 2016。

7. 大衛・艾伯特 David Z. Albert（*Time and Chance*, Harvard University Press, Cambridge, MA, 2000）提議把這個事實上升為一條自然定律，稱為「**過去假說**」。

What Emerges from a Particularity

第十一章　特殊性所產生的事物

為何高高的松樹與蒼白的白楊
枝幹互相糾結，為我們提供細心呵護的陰涼？
為何洶湧的大河
流水匆匆
產生明亮的漩渦？（II, 9）

推動世界的不是能量而是熵

在學校裡，老師告訴我們推動世界運轉的是能量。我們需要獲得能量，能量來自諸如石油、太陽或核能。能量使機器運轉，讓植物生長，也讓我們每天早上起床充滿活力。

但還有些東西沒有被考慮進去。學校還告訴我們，能量是守恆的，它既不會被創造，也不會被毀滅。如果它是守恆的，為什麼需要不斷供應呢？為什麼不能一直重複使用原來的能量？

真相是還有很多能量，而且沒有被消耗掉。世界運轉需要的不是能量，而是低熵。

能量（無論是機械能、化學能、電能還是勢能）都會自行轉化為熱能，即熱量。熱量會傳到冷的物體。但我們無法免費重新取回熱量，用來讓植物生長，或驅動發動機。在這個過程中，能量保持不變，但熵增加了，**熵的增加**是反轉的。這是熱力學第二定律的規定。

讓世界運轉的不是能源，而是低熵源（sources of low entropy）。沒有低熵，能量會稀釋成相同的熱量，世界會在熱平衡態中睡去。過去和未來不再有分別，什麼事都不會發生。

在地球附近，我們有著豐富的低熵源——太陽。太陽送來炙熱的光子，然後地球向黑暗的天空輻射熱量，發射變得較冷的光子。輸入的能量與輸出的能量大致相等，因此，在交換過程中，我們並沒有得到能量（在交換過程中得到能量對我們而言是災難性的，會導致全球暖化）。太陽送來一個熱光子，地球就會發射十個冷光子，因為來自太陽的一個熱光子與地球發射的十個冷光子具有相同的能量。一個熱光子比十個冷光子具有**較少的熵**，因為一個熱光子組態的數量少於十個冷光子組態的數量。因而，太陽對我們來說，是個豐富且持續不斷的低熵源。我們擁有充足的低熵可以使用，能夠讓動植物成長，讓我們建造汽車與城市，以及思考和寫這本書。

太陽的低熵來自何處呢？太陽誕生的時候熵組態更低，形成太陽系的原始星雲甚至還有更低的熵。依照這種情形追溯過去，一直到宇宙最初極低的熵。

正是這個熵的增加，驅動了宇宙的偉大故事。

但宇宙熵的增加並不快速，不像盒子裡的氣體突然爆炸那般，而是漸進，需要時間，即使有巨大的湯勺，想要攪拌宇宙這樣大的東西，也需要時間。畢竟，宇宙熵的增加，在過程中有很多阻礙和關閉的大門，只有通過艱巨困難才能達成。

例如，如果放著一堆木頭不管，就可以放置很久。木頭不處於熵最大的狀態，因為構成木頭的元素（碳、氫等）是以一種非常特殊的方式（有秩序的）結合在一起，才會形成木頭。如果這些特殊的結合斷裂了，熵就會增加。這就是木頭燃燒時會發生的現象——木頭的元素會從形成木頭的特殊結構中脫離，熵大幅增加（事實上，燃燒是個明顯不可逆的過程）。但木頭不會自己燃燒起來，它會在低熵組態維持很久，直到有東西打開大門，讓它進入高熵組態。一堆木頭處於不穩定狀態，就像一組卡片，但除非有什麼事物發生，讓它進入高熵組態，否則不會瓦解。例如，這種事物可以是點燃一根火柴所發出的火焰。在過程中會開啟一個通道，木頭可以經由此通道進入高熵組態。

因為有一些阻礙，減緩了整個宇宙熵的增加。例如，過去宇宙基本上是一大片氫，氫會融合為氦，氦比氫有較高的熵。但這種情況的出現需要開啟一個通道——星星要燃燒，使氫燒成氦。什麼會造成星星燃燒呢？這就需要另一個增加熵的過程——遍布星系的大型氫雲因重力造成收縮。收縮的氫雲比分散的氫雲具有更高的熵[*1]，但氫雲太大，收縮需要數百萬年。等到收縮集中以後，氫雲才能發熱到某個程度，引發核融合過程。引發核融合打開了大門，熵進一步增加，氫燃燒成氦。

在宇宙的整部歷史中，都是由這種斷斷續續或急劇的熵增組成，既不快速也不均勻，因為一切事物會一直陷在低熵組態（例如木頭、氫雲等），直到某件事物打開大門，開啟一個程序，造成熵增加。熵增加本身也會打開另一個新的大門，藉此，熵會進一步增加。例如山上水壩可儲存水，但隨著時間推移，水壩逐漸受損，儲存的水溢出，又再流到山下，造成熵增加。在這個毫無規律的過程中，宇宙或大或小的部分，會在相對穩定的狀態下保持孤立，有時可能會持續很久。

生物的出現也具有同樣錯綜複雜的過程。光合作用把來自太陽的低熵儲存在植物裡，動物藉由進食吃下這些低熵（如果我們需要的是能量，不是低熵，那我們就會朝撒哈拉的熱量前進，不會去找下一頓飯吃了）。在每個活細胞中，化學作用過程的複雜網路，都是一種可以開關大門的結構，藉此造成低熵的增加。分子的功能猶如催化劑，誘發化學作用的過程，或是反過來阻礙這些過程。每個單獨過程的熵增加，才能使整體的熵增加。生命就是熵增加過程的網路，這些過程可以互相成為彼此的催化劑[*2]。有時人們會說，生命會產生具有特殊秩序的結構，或有局部的熵會減少，這些說法並不正確。生命僅是分解與消耗食物低熵的過程，它的結構是一種自我建構的無秩序狀態，與宇宙的其餘部分一致，不多也不少。

即便最平淡無奇的現象，都是由熱力學第二定律支配。為什麼一塊石頭會掉落到地面？人們認為這是因為石頭有傾向於「能量較低的狀態」，因此會往低處移動。但為什麼石頭會讓自己處於能量較低的狀態？如果能量守恆，為什麼會失去能量？答案是，當石頭撞擊地球，會加熱地球，產生的機械能會轉化為熱量，而且熱量無法回收。如果沒有熱力學第二定律，如果沒有熱量，如果沒有微觀群化（microscopic swarming），石頭會一直反彈，永遠不會停下來。

讓石頭停留在地面以及讓世界運轉的是熵，不是能量。

宇宙整體的形成，是一種無秩序的漸進過程，就像一組卡片，一開始有秩序，洗牌之後變成沒有秩序。沒有一雙巨大的手在洗宇宙這組牌卡，它是自行混合。在逐步混合的過程中，宇宙各部分之間會開啟與關閉，進行交互作用。廣闊的區域會一直維持有秩序的組態，最後無秩序擴散開來，到處都開啟了新的通道[*3]。

讓世界上的事件得以發生，並寫下它的歷史，是所有事物不可抗拒的混合——從少數有秩序組態，變成不計其數的無秩序組態。整個宇宙就像一座慢動作倒塌的山，像一個逐漸崩潰的結構。

從最微小的事件到複雜的事件，都是這種不斷增加的熵之舞，受到宇宙最初的低熵所滋養，這就是毀滅者濕婆的真實舞蹈。

痕跡與原因

過去的熵比較低，這一事實導致一個重要結果，它對過去和未來之間的區別非常普遍也很關鍵，即：**過去會在現在留下痕跡**。

痕跡無處不在。月球上的坑洞，證實了過去曾有的撞擊；化石呈現出很久以前生物的模樣；望遠鏡顯示過去的星系有多遠；書本記載著我們的歷史；我們的腦海中充滿記憶。

存在的是過去的痕跡，而非未來的痕跡，這只是因為過去的熵很低，不可能有其他原因，因為過去和未來之間的唯一差別，就是過去的低熵。

為了留下痕跡，有些事物必須被拘束，停止運動，而這只能發生在不可逆的過程中，也就是說，將能量轉化為熱量。因此，電腦會發熱，大腦也會發熱，落在月球表面的流星會加熱，甚至天主教本篤會修道院中世紀抄寫員的鵝毛筆也會把書寫的那一頁稍微加熱。在沒有熱量的世界中，所有事物都會出現彈性反彈，不留下痕跡[*4]。

大量過去痕跡的存在，產生了熟悉的感覺，知道過去是確定的。但未來則不存在任何類似的痕跡，所以讓我們產生了一種未來是開放的感覺。痕跡的存在讓大腦能夠創造大量過去的地圖，未來卻沒有類似的東西。這一事實顯現在我們能夠在世界上活動，感覺自由自在，這種感覺的源頭就是來自這裡。雖然我們無法對過去進行任何行動，仍可在不同的未來之間做出選擇。

在進化的過程中，大腦的龐大機制是經過設計的，我們無法直接感知（「我不知道為何我如此悲傷。」安東尼奧在《威尼斯商人》開場時的喃喃自語），目的是為了對可能的未來進行計算。這就是我們所謂的「決定」。因為大腦可以根據現在，詳細描述出未來可能的模樣（除了細節稍有出入），這樣我們的思考就會自然傾向於依照「原因」先於「結果」的邏輯——過去事件是未來事件的原因，如果沒有這個原因，未來事件就不會以完全相同的樣子出現在我們的世界中[5]。

在我們的經驗中，原因的概念在時間中是不對稱的，原因先於結果。當發現兩個事件「具有相同的原因」，會發現這個共同原因是在過去[6]，不是未來。如果一場海嘯的兩股波浪同時到達鄰近的島嶼，一般會認為是因為過去有一個事件引發了這兩股波浪，不會去未來尋找。但那不是因為有一種從過去到未來的神奇「因果」力量，而是因為兩個事件關係的不可能性，需要一些不可能的事，而只有過去的低熵才能提供這種不可能性。否則還有什麼能提供這種不可能性呢？換句話說，存在於過去的原因，只不過是過去低熵的顯現。在熱平衡狀態，或是在純粹的力學系統中，並不存在由因果關係確定時間的方向。

基本物理法則不談論「原因」，只遵守規律，而這些規律在過去和未來中是對稱的。英國哲學家伯特蘭・羅素（Bertrand Russell）在一篇著名的文章中談到了這點，他特別強調寫出：「因果關係法則……是一個過去時代的遺跡，它的存在就像君主立憲制，被錯誤地認為無傷大雅。」[*7]當然他有些誇張，因為在基本層級不存在「原因」這一事實，並不能成為廢棄這個概念的充分理由[*8]。例如在基本層級也沒有貓，但我們並不會因為這個理由從此就不養貓。過去的低熵使得原因的概念變得有效。

但記憶、原因與結果、流動、過去的確定性以及未來的不確定性，這些只不過是我們為一個統計事實的結果所給予的名稱，這個事實就是宇宙過去狀態的不可能性。

原因、記憶、痕跡、世界生成的歷史不止橫跨了人類歷史的幾百年、幾千年，更是宇宙故事的幾十億年。這一切都只源於這個事實：幾十億年前事物的配置是「特殊的」[*9]。

「特殊」是一種相對說法，指的是相對於一種視角。它很模糊，是由一個物理系統與世界其他部分的交互作用所決定。因此因果關係、記憶、痕跡、世界以及發生的歷史，都只是一種不同視角的結果，就像天空的旋轉只是我們偏狹視角的結果。最後，對時間的研究，無可避免地只會使我們回歸自我。

---

1. 這是另一個常見的令人困惑之處，因為收縮的雲看似比分散的更「有秩序」。但並非如此，因為分散的雲分子運動速度都很小（以有秩序的方式）。然而，雲收縮時，分子速度會增加，在相空間中擴散。在物理空間中聚集的分子在相空間中分散，這才是相關的一點。
2. 尤其可參考 S. A. Kauffman, *Humanity in a Creative Universe*, Oxford University Press, New York, 2016。
3. 宇宙中這種互相作用的分支結構的存在對於理解局部熵增的重要性相關討論可見 Hans Reichenbach (*The Direction of Time*, University of California Press, Berkeley, 1956)。任何對這些論證有懷疑，或是有興趣更深入地研究的人，賴欣巴哈的文章都是必讀的。
4. 關於痕跡與熵的具體關係，參考 Hans Reichenbach, *The Direction of Time*, op. cit.，特別是關於熵、痕跡、常見原因的討論，還有 D. Z. Albert, *Time and Chance*, op.

cit.。最近的研究可見 D. H. Wolpert, 'Memory Systems, Computation and the Second Law of Thermodynamics', *International Journal of Theoretical Physics*, 31, 1992, pp. 743-85。

5. 關於「原因」對我們而言是什麼含義這個難題，參考N. Cartwright, *Hunting Causes and Using Them*, Cambridge University Press, New York, 2007。
6. 「共同原因」，賴欣巴哈的專用語。
7. Bertrand Russell, 'On the Notion of Cause', *Proceedings of the Aristotelian Society*, N. S., 13, 1912-1913: 1-26.
8. N. Cartwright, *Hunting Causes and Using Them*, op. cit.
9. 對於時間方向問題的清晰討論，詳見 H. Price, *Time's Arrow and Archimedes' Point*, Oxford University Press, Oxford, 1996。

The Scent of the Madeleine

第十二章　瑪德蓮蛋糕的香味

快樂及掌控自己

就是一個人在生命的每一天都可以說：

「今天，我活過；明天，不論上帝給我們一片烏雲，還是一個陽光普照的早晨，

他都不會改變我們可憐的過去。若我們沒有對流逝時光的記憶，他便一事無成。」

（III, 29）

接著把注意力轉向自己，然後再轉向涉及時間本質時我們所扮演的角色。最重要的一點是，作為人類，我們到底是什麼？實體嗎？但世界不是由實體構成的，而是由彼此聯繫的事件組成。那麼，「我」是什麼？

在西元一世紀用印度巴利文寫成的佛經《彌蘭王問經》（*Milinda Panha*）中，那先比丘（Nāgasena）回答彌蘭陀王（King Milinda）的問題，否認了他的存在是一個實體[*1]：

彌蘭陀王對智者那先說：「師父，您叫什麼名字？」老師回答道：「大王，我稱為那先。那先只是個名字、稱呼、符號、一個簡單的詞語，這裡並沒有那先這個人。」

這番言論聽起來如此極端，國王感到非常震驚。

「如果沒有人存在，那在這兒穿著衣服還能吃東西的是誰呢？是誰在守戒修行？是誰在殺戮、偷盜？是誰因愛欲而邪淫？是誰在妄語？若真無令作者，那麼就應該無善、無不善……。」

國王繼續質疑，認為主體必須是自發的存在，無法還原為其組成部分。

「師父，頭髮是那先嗎？指甲、牙齒、肉或骨頭是那先嗎？名字是那先嗎？感覺、感知、意識是那先嗎？還是說這些都不是？」

智者回答說，這些都不是「那先」，國王似乎贏得了這場辯論：「如果這些都不是那先，那他一定是其他別的——也就是那先，因此他肯定存在。」

但智者用國王的論證來反駁，問說國王的馬車是由什麼組成的。

「輪子是馬車嗎？車軸是嗎？底盤是嗎？馬車是這些部分的組合嗎？」

國王謹慎地回答，「馬車」當然指的只是車輪、車軸、底盤這個整體的關係，以及馬車的整體運轉，與我們的關係。如果沒有這些東西與關係，就不會存在一個「馬車」實體。那先得到了國王的贊同。「那先」這個名字和「馬車」一樣，所代表的僅僅是關係與事件的集合。

我們是過程、事件、複合物，並且受限於時空。但如果我們不是一個單獨的實體，那麼建立了我們身分和統一性的是什麼？是什麼造就了這一切？我叫羅維理，我的頭髮、指甲、雙腳都屬於我的一部分，我的憤怒與夢也是我的一部分，昨天的我與今天的我是同一個羅維理，明天也一樣，是那個思考、受苦與感知的人。

結合起不同的成分，造就了我們的身分。以本書的論點來說，其中有三個要素特別重要：

①第一，世界上每個人都有自己的獨特視角。這個世界透過我們每個人基本生存所必須的豐富關聯性，呈現在每個人身上[*2]。我們每個人都是一個複雜的過程（程序），反映出世界的一部分，並以嚴格整合的方式，詳盡說明我們接收到的資訊[*3]。

②我們身分基礎的第二個要素與馬車的例子相同。在反映世界的過程中，藉由統整化為實體。以一種大致上均勻穩定的連續程序，運用集合和分類的方式去設想這個世界，盡力做到最好，以便能與世界順暢互動。把一堆岩石組合起來，成為一個單獨的實體，稱為白朗峰（Mont Blanc），將它視為一個整體統一的事物。在世界上畫線，劃分出許多時區。我們建立邊界，把世界分解為片段，然後取近似值，這就是神經系統結構的運作方式，它會接收感官刺激，不斷發出訊息，產生行為。人類神經元

網路所形成的靈活動力系統，會不斷自我調整，盡量將所蒐集到的訊息流進行最可能的預測[*4]。為了達成這一點，神經元網路會將動力系統中大致穩定的固定點，與所接收到的訊息中反覆出現的模式連結起來，或間接在解說過程中進行連結，藉此不斷進化。這可說是從當前非常活躍的大腦研究中所得到的[*5]結論。如果確實如此，那麼「事物」，例如「概念」，即為神經動力中的固定點，由感覺輸入與連續解說的重覆結構所引發。它們反映了世界各面向的組合，這些面向取決於重覆出現的結構，以及與我們交互作用所產生的關聯性。這就是一輛馬車的組成要素。英國哲學家休謨（Hume）若有知，也會為當代認識大腦的進展感到高興。

人類過著社會化的生活，與彼此互動接觸頻繁，因此尤其會將其他人類個體組成的集合過程，歸納為一個整體統一的形象。其他人類是原因與結果的結點，與我們密切相關。我們與其他和自己相似的人接觸，在這個過程中，形成了「人類」的概念。

我相信大家對自我的概念便是源自於此，而不是自我省思的結果。當我們把自己看作一個人類，相信我們正將這種與同伴形成關係的心理迴路應用在自己身上。

我在媽媽眼中是個孩子，這是我對自己的第一個認知形象。對於自己，在很大程度上，我就是自己所看到的，以及朋友、親人、敵人等看到的我。

我從不相信笛卡爾的觀點，他認為經驗最重要的第一個面向，是對思考的覺知，因此我思故我在。（笛卡爾的觀點在我看來甚至是錯誤的：在笛卡爾座標系的重建中，**我思故我在**不是第一步，而是第二步，第一步是我疑故我思。重建的出發點，不是假設存在的**先驗**知識，此先驗知識不存在於作為主體的經驗上。這是對第一個理性主義的**後驗**反思，在此過程中，笛卡爾引發了懷疑的狀態：在邏輯指揮下，如果有人懷疑一件事，表示他們一定已經想過這件事。而且，如果他們能夠思考，表示他們一定存在。無論想法和過程如何隱蔽，這基本上是第三人稱的思考，而不是第一人稱。笛卡爾的出發點是優雅知識分子所熟悉的方法理論式懷疑，而不是對於某主題的基本經驗）。

視自己為主體，並不是最初始的經驗，而是基於其他眾多思想的複雜文化演繹。我最初始的經驗（如果認為這確實具有某種意義）是看到周圍的世界，而不是看到自己。我相信每個人都有「自我」的概念，這是因為在某個特定的時刻，我們學會了向自己投射人類的觀念，這是進化在千萬年的過程中，不斷發展的附加特徵，目的是要與人類團體中的其他成員互動——我們是個人意念的投射，這些意念來自於同類人的回饋。

③在身分的基礎中，還有第三個要素，也可說是最重要的一個要素：**記憶**。這就是這些細緻的討論會出現在一本關於時間書中的原因。我們並不是連續時刻中的獨立過程的集合。我們存在的每個時刻，都透過一條特殊的三股線與我們最近和最久遠的過去相連。我們的現在充斥著過去的痕跡。

我們是自己的**歷史**。我是我自己講述的故事。

我並不是此刻靠在沙發上、在敲打電腦鍵盤的這副軀體；我的思維是我寫作的痕跡；我是母親的關愛，是父親平心靜氣教導下的沉著寬容；是青春期的旅行；我是自己過去閱讀在腦海中的累積；是自己的摯愛。

我的絕望時刻；我的友誼，我所書寫的，我所聽過的，是銘記在我記憶中的臉龐。最重要的，我是那個一分鐘前為自己泡了杯茶的人，那個剛才在電腦裡打下「記憶」一詞、剛剛完成句子組織，正在寫下來的人。如果這一切全都消失，我還存在嗎？我是一部進行中的長篇小說。我的生活就是這部小說的架構。

記憶把分散在時間中的過程連接起來，這些過程組成了我們。在這層意義上，我們存在於時間中。基於這個原因，今天與昨天的我是同一人。了解自己，就是反思時間，但是要了解時間，也要反思自己。

近來有本研究大腦運作的書叫《你的大腦是部時間機器》（*Your Brain is a Time Machine*）*6，討論大腦與時間流過的互相作用，在過去、現在、未來之間建立連接的通道。很大程度上，大腦是一部收集過去記憶的機器，以便利用這些記憶預測未來。這種情形發生的時間尺度橫跨很大的範圍，包括極短到極長的時間。如果有人拋東西過來，我們的手會很巧妙地移動到物體等一下出現的位置。大腦運用過去的印象，對於飛向我們的物體，能夠非常迅速計算出未來的位置。從更大的時間尺度來說，種植種子，植物會長出來；投入科學研究，明天也許會收穫知識與新技術。預測未來的可能性，能明顯提高生存的機率，因此，進化選擇了允許它發生神經結構，而我們就是這種選擇的結果。過去和未來事件之間的存在，對自身的心理結構十分重要。於我們而言，這就是時間的「流動」。

在神經系統的線路中，有些基本結構可以立刻記錄運動——一個物體出現在一個位置，隨即又出現在另一位置，這並不會產生兩種截然不同的訊號，各自分別傳向大腦，而只會產生一個訊號，連接著我們正在看某樣東西在移動的現實。換句話說，我們所感知的並不是當下，因為這對有限時間尺度上運作的系統而言，並沒有什麼意義。我們所感知的是在時間中發生與擴張的事物。在大腦中，時間中的擴張會濃縮為對一段時間的感知。

這種直覺其實很古老，聖奧古斯丁（St Augustine）對直覺的沉思是很著名的。在《懺悔錄》（*Confessions*）第十一卷中，聖奧古斯丁自問，什麼是時間的本質，雖然其中福音傳教士風格的感嘆，不時使我感到厭煩，但聖奧古斯丁清楚分析了我們感知時間的能力。他觀察到，人類一直是活在當下，因為過去已經過去，不復存在，而未來尚未到來，因此也不存在。然後他自問，我們如何能感知到一段時間，甚至能夠評估這段時間——如果永遠只能處在當下。根據定義，當下是一個瞬時的存在。如果我們一直是在當下，又怎能如此清楚地知道過去、知道時間？此時此地，沒有過去也沒有未來。它們在哪兒？聖奧古斯丁得到以下的結論。

> 它在我的心智中，所以我才能測量時間。我絕不容許我的心智堅持認為時間是客觀的。當我測量時間，測量的是當下在我心中的事物。倘若這不是時間，我便是對時間一無所知。

第一次看到這個說法，會覺得它不太有說服力，其實不然。我用時鐘來測量一段時間，但這麼做需要同時在兩個不同時刻讀出時間。這是不可能的，因為我們是一直在一個時刻，從未同時在兩個時刻。在當下，只能看到現在。我們可以看到解釋為過去痕跡的事物，但在看到過去的痕跡與感知時間的流動兩者之間，具有相當明確的差異——聖奧古斯丁深知這種差異的根源，在於對時間流逝的感知是內在的，它是心智所不可或缺的，是大腦過去留下的痕跡。

聖奧古斯丁對此問題的闡釋相當漂亮，是基於對音樂的經驗。當人在聽一首讚美詩，聲音的意義是由前後的聲音所決定。音樂只能在時間裡發生，如果我一直只在當下這一刻，怎麼能夠聽到音樂呢？然而聖奧古斯丁觀察到這是可能的，因為意識是基於記憶與預期。一首讚美詩、一首歌，是以統一的形式存在於我們的心智中，由某些東西連接在一起——也就是我們視為時間的東西。因此，這就是時間——完全處於當下，以記憶與預期存在於我們的心智中。

時間可能只存在於心智中，這個想法當然沒有在基督教思想中成為主流。事實上，這是巴黎主教坦皮爾（étienne Tempier）在一二七七年明確譴責為異端的觀點之一。在他所譴責的信仰清單中，可以找到下面這句：

Quod evum et tempus nichil sunt in re, sed solum in apprehensione.[7]

這句話的意思是說：「如果堅持年代與時間實際上並不存在，而只是存在於心智中，就是一種異端邪說」。或許我的書正在向異端邁進，但是，既然聖奧古斯丁依然被視作聖人，我認為不必對此太過憂心，畢竟基督教是非常有彈性的……。

想要駁斥聖奧古斯丁，只需要爭辯在他心中發現存在的過去痕跡，可能不過是因為它們反映了外在世界的真實結構。例如十四世紀時，英國修士——奧卡姆的威廉（William of Ockham）在他的《自然哲學》（*Philosophia Naturalis*）中堅稱，人們能夠同時觀察天空的運動和自己內心的運動，因此可以透過與世界共存而感知時間。幾個世紀之後，德國哲學家胡塞爾（Husserl）正確地堅持主張物理時間與「內在時間意識」的差異。對一位自然主義者來說，會希望避免淹沒在唯心主義無用旋渦之中，前者（物理世界）先出現，後者（意識）則是由前者決定，然而意識卻與自身理解程度無關。這個反對完全合理，就像物理學一樣，長久以來消除了我們的疑慮，確保外在時間之流的普遍真實，同時符合自身的直覺。但是，如果物理學反過來告訴我們，那樣的時間並不是現實的基本組成部分，是否還可以繼續忽視聖奧古斯丁的觀點，認為它與時間的真實本質無關嗎？

探索時間的內部感知，而非時間的外在本質，這種情形經常發生在西方哲學史中。康德在他的《純粹理性批判》（*Critique of Pure Reason*）中討論時空的本質，把時間和空間都解釋為知識的先驗形式，也就是說，事物不僅與客觀世界有關，也與主體的認識方式有關。但他也注意到，儘管空間是由自己的外在感知形塑，也就是說，由於我們將所見的外界事物進行組織，所以時間被自身的內在感知所形塑，也就是組織內在狀態。再說一次，想要探索世界時間結構的基礎，在於與我們思維、感知方式和意識密切相關的事物。即使沒有深究康德的超驗主義（transcendentalism），這點也是正確的。

胡塞爾用術語「滯留」（retention）描述經驗的形成，他重複使用了傾聽音樂旋律的比喻[*8]（與此同時，世界變得庸俗了，歌曲取代了讚美詩）。在聽到一個音符的瞬間，前一個音符就「保存」了，於是那個音符也成為了滯留的一部分，以此類推。它們一同流動，使得當下包含過去的連續痕跡，漸漸變得愈來愈模糊[*9]。依照胡塞爾的說法，透過這種滯留過程，這種現象「構成了時間」。圖14出自胡塞爾，從A到E的水平軸，代表流逝的時間；從E到*A′*的鉛直軸，代表時刻A的「滯留」，從A到

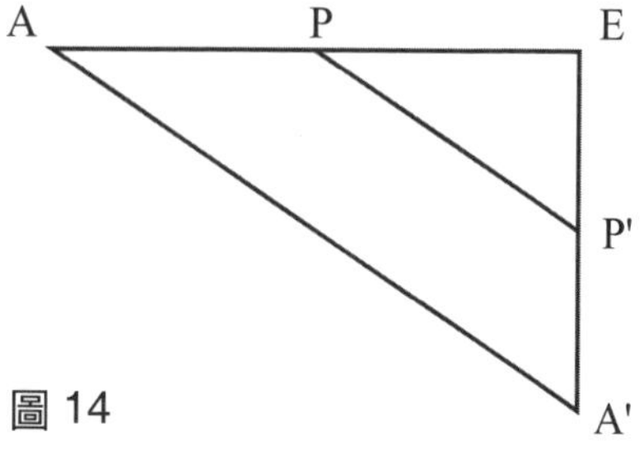

圖 14

A'連續下降。現象可以構成時間，是因為在任意時刻，E、P'、A'都存在。有趣的一點是，胡塞爾並沒有在客觀假設的一系列現象（水平線）中發現時間現象學的源頭，而是在記憶中〔與預期相似，胡塞爾稱為「前攝」（protention）〕，也就是圖中的鉛直線中發現的。我認為這（在自然哲學中）也是符合邏輯的，即便在物理世界中並不存在依照線性統一排列的物理時間，而只有變化的熵產生的痕跡。

受到胡塞爾的啟發，馬丁・海德格（Martin Heidegger）寫下「時間只在人類的範疇裡成其為時間（time temporalizes itself only to the extent that it is human）」*10。對他來說，時間是人類的時間，行為的時間，與人類密切相關的時間。即便後來，海德格對於人的存在（「呈現存在難題的實體」）究竟是什麼*11很有興趣，但他最終還是把內在時間意識劃進了存在本身的範圍。

時間在多大程度上是主觀固有的直覺，對任何堅定的自然主義來說仍然很重要，自然主義將其視為自然的一部分，不懼談論「現實」並研究它，與此同時承認我們的理解與直覺，根本上經過大腦這個有限工具的運作方式所過濾。這個大腦是現實的一部分，而現實取決於外在世界與心智運作結構之間的互相作用。

但是心智是頭腦的運作。對於這種運作，已經開始理解（不多）的是，整個大腦的運作，都基於在連接神經元突觸中的過去，所留下痕跡的集合。數以千計的突觸不斷形成，又被清除——尤其在睡覺時，只留下過去作用於神經系統的模糊映象。毫無疑問，這個形象是模糊的（想想眼睛在每一時刻看到的成千上萬個細節，這些細節最終並沒有留存在記憶中），卻包含了許多世界。

無限的世界

這便是在《追憶似水年華》（*à la recherche du temps perdu*）開始的幾頁，年輕的普魯斯特（Marcel Proust）深深為之著迷的世界，他每天早上都有新的發現。在此令人心蕩神迷的瞬間，他的意識有如氣泡一般，從不可測的深淵中浮現[*12]。當他嚐著瑪德蓮蛋糕的香味，回想起法國小鎮貢佈雷（Combray），於是那個世界的遼闊版圖便呈現在面前。普魯斯特在這部偉大小說的三千頁篇幅中，徐徐展開這幅地圖的遼闊世界。值得一提的是，小說敘事並不是關於世界上所發生的事件，而是關於一個人記憶的紀錄。從開篇的瑪德蓮蛋糕香味，到小說最後一篇〈時光重現〉最後一個詞「時間」，這本書不過是普魯斯特大腦突觸中一次無秩序的曲折漫步。

普魯斯特發現的是一個無限的空間，裡面有大量不可思議的細節、香味、深思、感覺、反省、再造、顏色、物體、名字、外觀、情緒……這一切都在普魯斯特雙耳之間的大腦褶皺裡。這就是與我們經驗熟識的時間之流——它就在那裡，在我們心裡，在神經元過去留下的至關重要痕跡裡。

關於這件事，普魯斯特說得再明確不過了，他在第一卷中寫道：「現實只由記憶構成[*13]。」而記憶又是痕跡的集合，是世界無秩序的間接產物，是前面寫過的小方程式$\Delta S \geq 0$，告訴我們，世界過去處於特殊組態，因此留下了痕跡（還在繼續留下）。「特殊」或許只與少數子系統相關——包括我們的系統。

我們是故事，被置於眼睛後方二十公分的複雜大腦中，由世界上（重新）混合在一起的事物所遺留的痕跡，指向未來，預測事件，往熵增加的方向前進，在這浩瀚無垠的混沌宇宙中一個非常特殊的角落。

這個空間（記憶）與連續的預期過程結合在一起，是我們感知時間為時間，感知自己為自己的來源[*14]。在沒有空間或物質的情況下，我們的內省很容易能夠想像自己，但能夠想像自己不存在於時間中嗎[15]？自我內省屬於我們所存在的物理系統之中，歸因於它與世界其他部分交互作用的特殊方式，這都要感謝它能夠留下痕跡，以及因為身為物質實體的我們是由記憶和預期組成，時間的不同視角才為我們開啟，就像一片狹小卻明亮乾淨的地方[16]。時間開啟了通往世界的有限通道[17]。對我們這些大腦基本上由記憶和預見構成的生物來說，時間就是自身與世界交互作用的形式，是我們個人身分的來源[18]。

當然也是痛苦的來源。

佛陀把這些總結為這句至理名言：「生是苦，老是苦，病是苦，死是苦，怨憎會是苦，愛別離是苦，求不得是苦[19]。」因為人類必須失去所擁有的、所愛的。因為一切生起的必然滅去，使我們受苦的不在過去或未來，而是現在，在我們的記憶裡與期待裡。我們渴望永恆，忍受著時間的流逝，因時間而受苦。時間就是痛苦。

這就是時間，我們因時間而著迷，同樣因時間而困惑。也許同樣因為時間，你——我親愛的讀者，我的兄弟姐妹，手中才拿著這本書。時間只不過是世界一個短暫的結構，是一個在世界發生的短暫波動，但已足夠使我們這些由時間構成的生物誕生。你我的存在應歸於時間，它給予了我們一份珍貴的禮物——存在——，讓我們可以創造永恆的短暫幻覺，這就是所有痛苦的根源。

史特勞斯（Strauss）的音樂和霍夫曼斯塔爾（Hofmannsthal）的詩句，用令人難忘的優美精緻唱出[*20]：

我記得有個小女孩……
但是怎麼可能……
曾經我是那個小蕾西，然後有一天我變成了老婦人？
……如果這是上帝想要的，為何讓我看見？
為何他不掩藏，不讓我知道？
一切都是謎，深深的謎……我感到時間中事物的脆弱。
發自內心深處，我感到不該執著什麼。
一切都從我指尖流逝。
我們想要抓緊，卻崩解，一切消失，如霧如夢……
時間是個奇怪的東西。
不需要的時候，它什麼也不是。然後突然，什麼都沒有了。
它是我們身邊的一切，也在我們內心深處。
它滲入我們的臉孔，滲入鏡子，穿過我的鬢角……

時間沉默地在你我之間流逝，像個沙漏。

哦，奎恩，奎恩，

有時我感到它的無情流逝，有時我在午夜起床

使所有鐘錶停止轉動……

---

1. *Mil.*, II, 1, in *Sacred Books of the East*, vol. XXXV, 1890.
2. Carlo Rovelli, *Meaning = Information + Evolution*, 2016，https://arxiv.org/abs/1611.02420.
3. G. Tononi, O. Sporns and G. M. Edelman, 'A Measure for Brain Complexity: Relating Functional Segregation and Integration in the Nervous System', *Proceedings of the National Academy of Sciences USA*, 91, 1994: 5033-5037.
4. J. Hohwy, *The Predictive Mind*, Oxford University Press, Oxford, 2013.
5. 參考 V. Mante, D. Sussillo, K. V. Shenoy and W. T. Newsome, 'Context-dependent Computation by Recurrent Dynamics in the Prefrontal Cortex', *Nature*, 503, 2013: 78-84，以及這篇文章中引用的文獻。

6. D. Buonomano, Your Brain is a Time Machine: The Neuroscience and Physics of Time, Norton, New York, 2017.

7. *La Condemnation parisienne de 1277*, ed. D. Piché, Vrin, Paris, 1999.

8. Edmund Husserl, *Vorlesungen zur Ph nomenologie des inneren Zeitbewusstseins*, Niemeyer, Halle a. d. Saale, 1928.

9. 在引用的文本中，胡塞爾堅持認為這不會構成「物理現象」。對一個自然主義者來說，這聽起來像是對其原則的聲明：他不想把記憶看作物理現象，因為他已決定使用現象學經驗作為分析的起點。大腦神經動力學研究，說明了現象在物理術語中顯現自身的方式：我的大腦現在的物理狀態「保留」其過去狀態，我們距離過去越遠，這種狀態就會愈加衰減。可參考M. Jazayeri and M. N. Shadlen,'A Neural Mechanism for Sensing and Reproducing a Time Interval', *Current Biology*, 25, 2015: 2599-2609。

10. Martin Heidegger, 'Einführung in die Metaphysik' (1935), in *Gesamtausgabe*, Klostermann, Frankfurt am Main, vol. XL, 1983: 90.

11. Martin Heidegger, *Sein und Zeit* (1927), in *Gesamtausgabe*, op. cit., vol. II, 1977, passim ; trans. As Being and Time.

12. Marcel Proust, *Du côté du chez Swann*, in à la Recherche du temps perdu, Gallimard, Paris, vol. I, 1987, pp. 3-9.

13. Ibid., p. 182.

14. G. B. Vicario, Il tempo. *Saggio di psicologia sperimentale*, Il Mulino, Bologna, 2005.

15. 這是一個相當常見的評論，可參考 J. M. E. McTaggart, *The Nature of Existence*, Cambridge University Press, Cambridge, vol. I, 1921。

16. *Lichtung*, perhaps, in Martin Heidegger, *Holzwege* (1950), in *Gesamtausgabe*, op. cit., vol. V, 1977, passim.

17. 和其他類型的偉大思想一樣，對社會學奠基人之一塗爾幹（Durkheim, *Les Formes élémentaires de la vie religieuse*, Alcan, Paris, 1912）來說，時間有其社會根源——尤其是構成其最初形式的宗教結構。如果時間概念的複雜面向，即時間概念的「更外層」為真，那麼拓展它以便把時間流逝的直接經驗包含進來對我來說是很困難的：其他哺乳動物和我們有基本相似的大腦，因而能像我們一樣體驗到時間的流逝，卻不需要一個社會或宗教。

18. 對人類心理學中時間的基礎方面的問題，可見威廉・詹姆斯（William James）的經典著作 *The Principles of Psychology*, Henry Holt, New York, 1890。

19. *Mahāvagga*, I, 6, 19, in *Sacred Books of the East*, vol. XIII, 1881. 關於與佛教相關的概念，我主要參考的是 H. Oldenburg, *Buddha*, Dall'Oglio, Milan, 1956。

20. Hugo von Hofmannstahl, *Der Rosenkavalier*, Act I.

The Sources of Time

第十三章　時間的起源

也許上帝為我們儲存了很多季節
也許最後一個就是今年冬天
引領海浪回到第勒尼安
衝激在崢嶸的浮岩峭壁上
你必須要有智慧，倒掉杯中酒
在這短暫的生命中裝入最珍惜的希望（I, 11）

開始的時候，時間的形象還是我們所熟悉的樣子，在整個宇宙中均勻統一地流動，所有事物都在這個過程中發生。認為有一個「現在」存在於整個宇宙中，「現在」構成了現實。每個人的過去都已經固定，已經消逝、發生過了。未來是開放、尚未確定的。現實從過去流到現在，流向未來——在過去和未來之間，事物的發展在本質上是不對稱的。所以我們認為，這就是世界的基本結構。

這幅熟悉的圖畫已支離破碎，顯示它只是一個近似物，另外還有一個更加複雜的現實。

在整個宇宙中，並不存在一個共同的現在（第三章）。事件並不依照過去、現在、未來的順序排列，它們只是「部分」有秩序。在自身周圍有現在，但遙遠的星系中並沒有什麼「現在」。現在只是局部現象，並非整體現象。

在這個世界中，過去和未來的差異，並不存在於支配事件的基本方程式中（第二章）。這點源自於一個事實——在過去，由於我們看待事物的模糊，世界所屬的狀態在我們眼裡變得看起來很特殊。

在我們附近，根據不同的位置及運動速度，時間以不同的速率流逝。我們距離物體愈近（第一章），或運動得愈快（第三章），時間就愈加延遲。在兩個事件中，並不存在單一的時間間隔，而是存在許多可能的時間間隔。

時間流動的節奏是由重力場決定，它是真實實體，有自己的動力學，如愛因斯坦的方程式所描述。如果忽略量子效應，時間與空間就是我們置身其中的巨大果凍狀物體的某些面向（第四章）。

但世界是量子的，果凍狀時空也只是近似物。在世界的基本結構中，既沒有空間，也沒有時間，只存在一個物理量轉化為另一個物理量的過程，因此能夠計算機率與關係（第五章）。

在目前已知的最基本層級，幾乎沒有什麼事物類似於我們所經驗的時間。沒有一個特殊的「時間」變數，過去和未來之間沒有區別，也沒有時空（第二部分）。我們仍然知道怎樣寫出描述世界的方程式。在那些方程式中，變數彼此之間互相關聯（第八章）。這個世界不是「靜止的」，也不是一個一切變化都是幻覺的「區塊宇宙」（第七章）。恰恰相反，我們的宇宙是事件的世界，而非物體的世界（第六章）。

這趟旅程是去程，是前往一個沒有時間的宇宙。

回程是一種嘗試，試圖理解自身的時間感知，如何從這個沒有時間的世界中出現（第九章）。令人驚訝的是，在時間所呈現出令人熟悉的面向中，我們竟也參與其中，扮演一個角色。從我們的**視角**（構成這個世界一小部分的生物視角），可看見世界在時間中流動。我們與世界之間的交互作用是局部性，這就是為何我們用模糊方式看待世界的原因。量子不確定性也增加了這種模糊。由於這種情形所導致的無知，決定了一個特殊變數的存在，即熱力學時間（第九章），以及量化我們不確定性的熵。

也許我們屬於世界的一個特殊子集，與世界其他部分交互作用的方式，導致熱力學時間在一個方向上的熵比較低。因此時間的方向性為真，但與視角有關（第十章）——與我們相關的世界的熵，會隨熱力學時間而增加。我們發現事物在這個變數中會依照順序出現，稱為「時間」，熵的增加分開了過去和未來，也引導宇宙的開展。它決定了痕跡的存在，亦即過去的遺跡與記憶的存在（第十一章）。人類就是熵增加這一偉大歷史的結果，由這些痕跡產生的記憶，聚集在一起。每個人都是一個統整的存在，因為我們反映著世界，藉由與同類接觸，形成了一個統整實體的形象，也因為這是一種由記憶所統整、看待世界的視角（第十二章）。所謂的時間「流動」便是來自這裡，當在傾聽時間的流逝，聽到的就是這個。

「時間」變數是描述世界的許多變數之一，是重力場的變數之一（第四章）。在我們的尺度中，無法記錄量子的波動（第五章），因此可以認為時空是確定的，就像愛因斯坦用「軟體動物」來稱呼。在我們的尺度中，軟體動物的運動很小，可以忽略，因此可以把時空看成像桌子一樣的剛性存在。桌子具有維度，有我們稱為空間的維度，也有稱為時間的維度，時間維度會隨著熵增加。在日常生活中，相對於光速，我們是以低速運動，因此感覺不到不同時鐘的不同原時間差異，距離物體遠近造成的時間快慢流逝的區別，對我們而言太小了，無法分辨。

因此，在許多可以談論的時間裡，最終只有一個時間，也就是我們經驗到的時間：均勻、統一、有秩序。這是從身為人類的特殊視角所做出近似（approximation）、近似再近似的描述，人類依賴於熵的增加，定錨在時間流動中。就如《聖經・傳道書》[1]所言，生有時，死有時。

這就是我們的時間，是一種多層級的複雜概念，具有多種不同的屬性，這些屬性源自於各種不同的近似。

許多關於時間概念的討論很令人困惑，那是因為這些都沒有包括時間複雜與多層級的面向。它們的錯誤之處在於，沒有看到這些不同面向是獨立的。

這便是我歷經一生的反覆粹鍊所理解到的時間的物理結構。

我所說的故事，內容大部分堅實可信，其他有些看似可信，有些則是為了理解整體而做出的大膽推測。

實際上，書中第一部分敘述的全部內容，已經過無數的實驗證實。時間的變慢是根據高度與速度；當下不存在；時間與重力場之間的關係；不同時間之間的關係是動態的；基本方程式無法辨別時間的方向；熵與模糊的關係。這些全部都已得到證實[2]。

重力場具有量子特性，雖然目前只有理論上的論證，沒有實驗上的證據，但這件事已經達成共識。

第二部分討論的「基本方程式中不存在時間變數」看似可信，但關於這些方程式的形式，仍然存在激烈的爭論。時間的起源與量子的不可交換性直接相關，我們觀測到的熵增加，取決於我們與宇宙的交互作用，這些都是我認為很迷人的觀點，但距離得到證實還很遙遠，仍未被廣泛接受。

無論如何，真正完全可信的一個普遍事實是，世界的時間結構與人們所描繪的不成熟圖像截然不同。這幅不成熟圖像適用於一般日常生活，卻不適用於理解世界的精微皺褶或浩瀚無垠。最可能的是，它甚至不足以幫助我們理解自身的本質，因為時間的奧祕，是與我們個人身分和意識的奧祕交織在一起的。

時間的奧祕一直困擾著大家，激起深度的情緒，因而滋長了許多哲學與宗教。

我相信，正如漢斯・賴欣巴哈（德國哲學家 Hans Reichenbach）在他的著作《時間的方向》（*The Direction of Time*）所提出的那樣——人們為了逃避焦慮，巴門尼德（古希臘哲學家 Parmenides）想要否認時間的存在，柏拉圖想像有一個存在於時間之外的理念世界，德國哲學家黑格爾（Hegel）認為有一個精神超越時間並且充分了解自身的時刻。為了逃避面對時間的焦慮，我們想像有一種「永恆」存在，一個在時間之外的奇異世界，想要和神明、上帝和不朽的靈魂一起住在那裡[1]。我們對時間深刻的情緒態度，對於建設哲學大殿堂所做出的貢獻，遠比邏輯與理性更多。人們對於時間的相對情緒態度，也誕生了很多哲學，例如古希臘哲學家赫拉克利特（Heraclitus）及法國哲學家柏格森（Bergson），但並沒有拉近我們與理解時間的距離。

物理學幫助我們穿透層層迷霧，證明了世界的時間結構與感知到的有多麼不同，給了我們希望，讓我們能夠解除情緒引起的困惑，去研究時間的本質。

在探究時間的過程中，越是往前進，變得越來越遠離自己，最後卻發現與我們自己相關的事物。也許就像哥白尼研究天體的運動，最後他理解的卻是腳下地球的運動。也許最終，阻礙我們客觀理解時間本質的迷霧，並不是情緒維度。

也許我們面對時間所產生的情緒，正是時間對我們而言的樣子。

認識到這裡已經足夠了，雖然可以繼續談論更多疑問，但要小心那些無法清楚說明的問題。講完了時間能夠討論的所有方面，表示已經找到了時間。我們可能會想要對某個即時的時間感知發出質疑，卻笨拙地不知該如何說明（例如「好吧，但時間為何會『流逝』呢？」）我認為此時只是在混淆問題，試圖將近似的語言轉化為事物，卻徒勞無功。當無法明確地表達問題，通常不是因為問題十分深奧，而是因為那是個假問題。

我認為未來的我們對事物的理解會更完善。在過去幾個世紀以來，對自然本質的理解已有長足的進步，甚至可謂目不暇給，但仍在繼續學習。我們正在窺見時間的奧祕，能夠看見沒有時間的世界，我們可用心眼感知世界的深入結構，如同所知的，在那裡，時間不再存在——就像〈山上的傻瓜〉（*Fool on the Hill*）這首歌說的一樣，傻瓜看到夕陽西下時，看到的是地球在轉動，我們也一樣，開始意識到我們就是時間。我們就是這個空間，這個在神經元連接裡由記憶痕跡所開啟的空間。我們是記憶、是懷念，盼望著一個不會到達的未來。記憶與期待所開啟的空間，就是時間，有時它是痛苦的來源，但最後卻是一份大禮。

無限的劇本組合，開啟了一份珍貴的奇蹟，讓我們得以存在。現在可以笑了。可以回歸寧靜，沉浸在時間中（在我們有限的時光中），在我們短暫的一生中，品嚐每個短暫飛逝時光中的清晰強度。

．作者註：[1]關於賴欣巴哈的觀察，有一個非常有趣的事實。他有一篇運用分析哲學討論時間的重要文章，聽起來與海德格的觀點立場很相近，然而後面卻有明顯的分歧：賴欣巴哈是在物理學中尋找我們所知的時間，我們是這個世界的一部分；而海德格所討論的時間，則是依照人類的存在經驗，把自身考慮在內。兩者所得到的時間圖像結論完全不同，但是否兩者就一定不相容？為什麼不相容？這兩個人探討的其實是兩個不同的問題：一方面，隨著我們視野的拓展，會發現世界的有效時間結構變得愈加老舊；另一方面，時間結構對我們的基本面向來說，是對我們「存在於世界」的具體感知。

---

1. Ecclesiastes 3: 2.
2. 關於時間的這些面向，請見 C. Callender and R. Edney, *Introducing Time*, Icon Books, Cambridge, 2001.

The Sister of Sleep

安眠的姊妹

哦，塞斯提烏斯
我們一生短暫的日子
阻礙開啟長久的希望（I, 4）

偉大的印度史詩《摩訶婆羅多》（*Mahābhārata*）第三部分寫道，一位神通強大的夜叉（Yaksa）問潘達瓦五王子（Pandava）中最年長、智慧最高的堅戰（Yudhistira）：「所有祕密中，最偉大的是什麼？」答案傳頌數千年：「每一天都有無數人死去，然而還活著的人以為他們是不朽的*1。」

我不希望自以為不朽的活著。我不畏懼死亡，但害怕受苦，也害怕變老，不過現在沒那麼怕，因為我看到自己的父親晚年平靜愉快。我害怕脆弱，也害怕沒有愛。但死亡並沒有讓我驚恐，年輕時它並沒有讓我感到恐懼，因為那時我以為死亡是非常遙遠的事。但如今我已六十歲，恐懼還是來了。我熱愛生命，但生命也是一種掙扎、苦難、痛楚。我看待死亡為應得的休息。巴哈在他絕妙的第56號清唱劇（*BWV 56*）中，把死亡稱為「安眠的姊妹」。友善的姊妹很快就會來合上我的雙眼，輕撫我的頭。

「約伯年紀老邁，日子滿足而死」，《聖經》中的這個描述很美妙。我也希望有那種「日子滿足而死」的感覺，然後微笑著結束生命的短暫週期。當然，我仍然會享受其中的歡樂，在月色下欣賞波光粼粼的海面，享受心愛女人的親吻，她的存在讓一切都有意義；我仍然會品味冬日週末午後躺在沙發上，在紙上寫滿符號和公式，想像能否在縈繞我們的無數小祕密中再捉住一個……我仍然期待著能品嚐這杯金色的酒，品嚐生活的流動，溫柔又充滿敵意，清晰又神祕莫測，難以預料……但是我已經喝盡這杯酒，苦樂參半，如果現在有個天使來找我說：「時間到了，卡羅」，我甚至不會請求等我寫完這個句子再走。我只會向祂微笑，隨祂離去。

人類對死亡的恐懼是進化的失誤。在掠食者靠近時，動物都會本能的恐懼與逃跑。這是一個健康的反應，動物可以藉此逃離危險。但這種恐懼只會維持一瞬間，不會一直縈繞在心中。天擇的結果，誕生了具有肥大大腦額葉的大型人猿，造就了預測未來的過度能力。這當然是一種有用的特權，但也把不可避免的死亡想像置於面前，引發本能的恐懼與逃避。基本上，我相信人們對死亡的恐懼，是兩種不同進化壓力所導致的一種意外不當的干擾，是我們大腦不良的自動連接所造成，不具任何用途或意義。萬物皆有期限，即便是人類自身。正如毗耶娑（Vyasa）在《摩訶婆羅多》所言：「大地已失去青春，一切成為過去，像個美夢。如今每一天都帶著我們更接近毀滅與荒蕪……」[*2]恐懼轉變，害怕死亡，就像害怕現實本身，就像害怕太陽。究竟有什麼意義？

這是理性的說法，但我們的生活不是由理性論證驅動的。理性幫助澄清觀點，發現錯誤。但同樣的，理性也向我們證明，行為的動機深深地刻在我們作為哺乳動物、狩獵者、社會動物的祕密結構裡，理性只是闡明了這些關係，但這些關係並非源自理性。最初我們並非是理性的生物，也許後來或多或少會變得比較理性。在最初的時刻，對生命的渴望、饑餓、愛的需求、找尋自己在人類社會中定位的本能，驅使著我們……如果沒有最初的時刻，後來的時刻甚至都不會存在。理性裁決著我們的每個本能直覺，但在裁決中又將這些本能直覺作為主要標準。理性為事物定名，由於這種渴望，它讓我們能夠克服阻礙，發現隱藏的事物。理性使我們能夠辨識所具有的無數無效策略、錯誤信念和偏見。理性的發展幫我們了解所追蹤的痕跡，原以為可以帶領我們找到獵捕的羚羊，實際上卻是錯誤的痕跡。但驅動我們的並不是對生命的反思，而是生命本身。

很難說真正驅動我們的是什麼，也許無法完全了解。我們會辨認出自己的動機，給這些動機命名，我們有許多動機，也相信有些動機其他動物也有，有些動機只有人類才有，而有些動機只存在於我們認為自己所屬的小團體中。飢與渴、好奇心、對陪伴的需求、對愛的渴望、戀愛、對幸福快樂的追求、爭取一席之地的需求、獲得欣賞、認可、被喜愛的渴望，追求忠誠、榮譽、上帝之愛、公正與自由、求知欲……

這一切來自何處？來自造就我們的方式，來自我們恰巧成為的樣子。我們是長久以來化學、生物和文化結構的選擇過程，在不同層級的產物，由於交互作用過程漫長，因此塑造了那些有趣經歷，但大家對這個過程所知有限，只能藉由鏡子觀察自己，自我省思。我們的複雜程度要高於心智能力所及，由於大腦額葉相當肥大，甚至已經把人類送上月球，發現黑洞，找到人類是瓢蟲親戚的證據，但這些都不足以讓大家能夠清楚的解釋自己。

我甚至不明白「理解」是什麼意思。我看到世界，描述世界，賦予秩序。我對於所見的世界與世界本身兩者的關係知之甚少。知道自己目光短淺，只能勉強看到物體發射的巨大電磁頻譜中一個微小的窗口。看不見物質的原子結構，看不見空間的彎曲程度。人類看見世界的一致性，只不過是從與宇宙的互動接觸中推斷出來的，用簡單的方式來組織這個世界，是破壞性的愚笨大腦能夠處理的。我想，這個世界有石頭、山川、雲朵和人類，這就是「我們存在的世界」。我們對於這個獨立的世界知之慎詳，卻不知這個「知之慎詳」究竟是多少。

人類的想法便是容易受到攻擊的弱點，而想法所形成的語言文字的文法，更是獵捕的目標。從惡魔、天使和女巫，變成了原子和電磁波，這個世界僅用了幾個世紀的時間。僅需要幾克蘑菇，整個現實世界就會在眼前分解，重新組織成令人驚訝的不同形式。僅需與一個患有嚴重精神分裂症的朋友相處，努力花幾週時間與他溝通，就會發現譫妄是一種多麼巨大的戲劇化機制，能夠把世界搬上表演舞台，想要把精神病患者個人的譫妄，與一般人的集體性譫妄分開，是一件很困難的事，人類的社會與精神生活，以及人類對世界的認識，便是集體性的譫妄。也許離群索居才能夠做到這一點，但脫離事物普遍世俗秩序的人們又是多麼脆弱[*3]……。我們所發展的現實願景與集體性譫妄，已有長足的進步，運作良好，把我們帶到了此處。人類發明了各種處理工具，效果顯著，理性便是其中一種，也已證明了它的優良效果，非常寶貴。但它畢竟只是個工具，像一把鉗子一樣。用理性來處理冰與火構成的物質，這些物質使我們體驗到生動炙熱的情緒。這些是造就我們的物質，驅動又阻擋我們，人類用精緻的語言層層包裹它們。這些物質迫使我們行動，但其中總有些東西脫離我們語言的秩序。不過大家都知道，每當嘗試想要強迫建立秩序，最後都會讓一些東西留在框架之外。

對我來說生命只不過是這樣：驅動著我們不停呼喊的情緒，有時嘗試以神或政治信仰的名義，或以一種儀式，引導放鬆心情。就基礎而言，一切都是有秩序的，都在偉大無垠的愛之中，這種呼喊很美妙，它有時是痛苦的呼喊，有時是一首歌。

而這首歌，如奧古斯丁所言，是對時間的覺察。它就是時間，它是吠陀的聖歌，它本身就是時間盛開的花[*4]。在貝多芬的《莊嚴彌撒》（*Missa Solemnis*）樂曲中，小提琴的聲音是純粹的美，純粹的絕望，純粹的喜悅。我們得到赦免，屏住呼吸，神祕地感覺到這必定是意義的源頭，這就是時間的起源。

然後樂曲逐漸消失。如《聖經・傳道書》所說：「銀鏈折斷，金罐破裂，瓶子在泉旁損壞，水輪在井口破爛；塵土仍歸於地[*5]」。我們可閉上雙眼，好好休息。對我來說，一切如此公平又美妙。這就是時間。

---

1. *Mbh*, III, 297.
2. Cf. *Mbh*, I, 119.
3. A. Balestrieri, ‘Il disturbo schizofrenico nell’evoluzione della mente umana. Pensiero astratto e perdita del senso naturale della realtà ’, *Comprendre*, 14, 2004, pp. 55-60.
4. Roberto Calasso, *L’ardore*, Adelphi, Milan, 2010.
5. Ecclesiastes 12: 6-7.

圖片版權聲明

Page 129 ·· Thomas Thiemann, *Dynamic of Quantum Spin Foam, seen through the eyes of an artist* © Thomas Thiemann (FAU Erlangen), Max Planck Institute for Gravitational Physics (Albert Einstein Institute), Milde Marketing Science Communication, exozet effects.

Page 157: Hildegard von Bingen, *Liber Divinorum Operum*, Codex Latinus 1942 (XIII century), c. 9r, Biblioteca Statale, Lucca Foto Scala, Florence-by courtesy of the Ministry of Cultural Heritage and Activities.

索引

ㄍ音

ㄎ音

ㄏ音

ㄩ音

國家圖書館出版品預行編目（CIP）資料

時間的秩序：用最尖端物理學，顛覆常識與直覺，
探索時間的本質／卡羅・羅維理（Carol Rovelli）
作；筆鹿工作室譯. -- 初版. -- 新北市：世茂
出版有限公司，2021.08
面；　公分. --（科學視界；253）
譯自：L'ordine del tempo
ISBN 978-986-5408-56-5（平裝）

1.時間　2.哲學

168.2　　110006719

科學視界 253

時間的秩序：用最尖端物理學，顛覆常識與直覺，探索時間的本質

作　　者／卡羅・羅維理
譯　　者／筆鹿工作室
主　　編／楊鈺儀
責任編輯／陳怡君
封面設計／林芷伊
出 版 者／世茂出版有限公司
負 責 人／簡泰雄
地　　址／（231）新北市新店區民生路 19 號 5 樓
電　　話／（02）2218-3277
傳　　真／（02）2218-3239（訂書專線）
劃撥帳號／ 19911841
戶　　名／世茂出版有限公司　單次郵購總金額未滿 500 元（含），請加 80 元掛號費
酷 書 網／ www.coolbooks.com.tw
排版製版／辰皓國際出版製作有限公司
印　　刷／傳興彩色印刷有限公司
初版一刷／ 2021 年 8 月
　　四刷／ 2023 年 11 月
I S B N ／ 978-986-5408-56-5
定　　價／ 420 元